KB187499

朝鮮總督府 編纂

『初等國語』原文 上

김순전 · 사희영 · 박경수 · 박제홍 · 장미경

編

제이앤씨
Publishing Company

タカミヨ
一ネン
下

フクトウソンセウテ

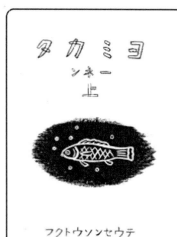

タカミヨ
一ネン
上

フクトウソンセウテ

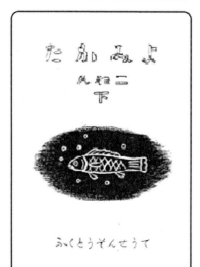

たかみよ
二ねん
下

ふくとうそんせうて

タカミヨ
二ネン
上

フクトウソンセウテ

≪ (上) 總 目 次 ≫

『ヨミカタ』ニネン　上(2學年　1學期, 1942)
モクロク

『よみかた』二ねん　下(2學年　2學期, 1942)
もくろく

序 文

1. 조선총독부 편찬 『ヨミカタ』와 『初等國語』 원문서 발간의 의의

베네딕트 앤더슨은 '국민국가'란 절대적인 존재가 아니라 상대적인 것으로, '상상된 공동체'라 하였으며, 이러한 공동체 안에서 국민국가는 그 상대성을 극복하기 위하여 학교와 군대, 공장, 종교, 문학 그 밖의 모든 제도와 다양한 기제들을 통해 사람들을 국민화하였다. '근대국가'라는 담론 속에서 '국민'이란 요소는 이미 많은 사람들에 의해 연구되어져 왔고, 지금도 끊임없이 연구 중에 있다. 근대 국민국가의 이러한 국민화는 '국가'라는 장치를 통해 궁극적으로는 국가의 원리를 체현할 수 있는 개조된 국민을 이데올로기 교육을 통하여 만들어 내는 데 있다.

교과서는 무릇 국민교육의 정화(精華)라 할 수 있으며, 한 나라의 역사진행과 불가분의 관계를 가지고 있다. 따라서 교과서를 통하여 진리탐구는 물론, 사회의 변천 또는 당시의 문명과 문화 정도를 파악할 수 있다. 그러나 무엇보다 중요한 한 시대의 역사 인식 즉, 당시 기성세대는 어떤 방향으로 국민을 이끌어 가려 했으며, 그 교육을 받은 세대(世代)는 어떠한 비전을 가지고 새 역사를 만들어가려 하였는지도 판독할 수 있다. 이렇듯 한

시대의 교과서는 후세들의 세태판독과 미래창소의 실계를 위한 자료적 측면에서도 매우 중요하다 생각된다.

이에 일제강점기 조선의 초등학교에서 사용되었던 朝鮮總督府 編纂『ヨミカタ』(1942) 4冊과『初等國語』(1943～1944) 8冊(全12冊)의 원문서를 발간하는 일은 한국근대사 및 일제강점기 연구에 크게 기여할 수 있는 필수적 사항이라 할 수 있을 것이다. 이는 그동안 사장되었던 미개발 자료의 일부를 발굴하여 체계적으로 정리해 놓는 출발이며 한국학(韓國學)을 연구하는데 필요한 자료를 제공함은 물론, 나아가서는 1907년부터 1945년 8월까지 한국에서의 일본어 교육과정을 알 수 있는 자료적 의미도 상당하다고 할 수 있다. 특히 1960년대부터 시작된 한국의 일본학 연구는 1990년경에 연구자들에 회자되었던 '한국에서 일본연구의 새로운 지평열기'에 대한 하나의 방향 및 대안 제시로 볼 수도 있을 것이다.

지금까지 우리는 "일본이 조선에서 어떻게 했다"라는 개괄적인 것은 수없이 들어왔으나, "일본이 조선에서 이렇게 했다"라는 실제를 보여준 적은 지극히 드물었다. 이는 '먼 곳에 서서 숲만 보여주었을 뿐, 정작 보아야 할 숲의 실체는 볼 수 없었다.'는 비유와도 상통하며, 때문에 그러한 것들의 대부분이 신화처럼 화석화되었다 해도 과언이 아닐 것이다.

따라서 일제강점기 조선아동용 일본어 입문 교과서인『ヨミカタ』와『初等國語』에 대한 재조명은 '일본이 조선에서 일본어를 어떻게 가르쳤는가?'를 실제로 보여 주는 작업일 것이다. 이를 기반으로 일제의 식민지정책의 변화 과정과 초등 교과서의 요소요소에 스며든 일본 문화의 여러 양상을 중층적 입체적 구체적으로 파악하고, 새로운 시점에서 보다 나은 시각으로 당시의 모든 문화와 역사, 나아가 역사관을 구명할 수 있는 기초 자료로 활용되기를 기대한다.

2. 근대 조선의 일본어 교육

1) 일본의 '國語' 이데올로기

근대에 들어와서 국가는 소속감, 공통 문화에 대한 연대의식과 정치적 애국심을 바탕으로 강력한 국민국가의 형태로 나타나게 되었고, 외세의 침입으로부터 국가를 보호하기 위해 국민을 계몽하고 힘을 단합시키는데 국가적 힘을 결집하게 된다. 그리고 국가가 필요로 하는 국민을 만들기 위해 공교육 제도를 수립하고, 교육에 대한 통제를 강화하여 교육을 국가적 기능으로 편입시킨다.

국가주의는 국민(Nation)의 주체로서 구성원 개개인의 감정, 의식, 운동, 정책, 문화의 동질성을 기본으로 하여 성립된 근대 국민국가라는 특징을 갖고 있다. 국가주의의 가장 핵심적인 요소는 인종, 국가, 민족, 영토 등의 객관적인 것이라고 하지만 公用語와 문화의 동질성에서 비롯된 같은 부류의 존재라는 '우리 의식'(we~feeling) 내지 '自覺'을 더욱 중요한 요인으로 보는 것이 일반적이다. 여기에서 더 나아가 '우리 의식'과 같은 국민의식은 국가를 위한 운동, 국가 전통, 국가 이익, 국가 안전, 국가에 대한 사명감(使命感) 등을 중시한다. 이러한 국민의식을 역사와 문화 교육을 통하여 육성시켜 강력한 국가를 건설한 예가 바로 독일이다. 근대 국민국가의 어떤 특정한 주의, 예를 들면 독일의 나치즘(Nazism), 이탈리아의 파시즘(Fascism), 일본의 쇼비니즘(Chauvinism)은 맹목적인 애국주의와 국수주의적인 문화, 민족의식을 강조하고, 이러한 의식을 활용하여 제국적인 침략주의로 전락하고 있는 것도 또 하나의 특징이다.

이데올로기(Ideology)란 용어는 Idea와 Logic의 합성어로서 창의와 논리의 뜻을 담고 있다. 엥겔스(Engels)와 마르크스(Marx)의 이념 정의를 요약하면, "자연, 세계, 사회 및 역사에 대해 가치를 부여하고 그 가치성을 긍정적, 부정적으로 평가하는 동의자와 일체감을 형성하여 그 가치성을 행동으로 성취하는 행위"[1]라는 것이다. 따라서 이데올로기란 '개인의 의식 속에 내재해 있으면서도 개인의식과는 달리 개인이 소속한 집단, 사회, 계급, 민족이 공유하고 있는 〈공동의식〉, 즉 〈사회의식〉과 같은 것'이라 할 수 있다.

메이지유신(明治維新) 이후 주목할 만한 변화를 보면, 정치적으로는 1873년 〈徵兵令〉이 최초로 제정되어 국민의 병역의무를 부가하여 〈國民皆兵制〉(1889)를 실시하였고, 〈皇室典範〉(1889)이 공포되어 황실숭상을 의무화하는가 하면, 〈大日本帝國憲法〉(1889)이 반포되어 제국주의의 기초를 마련한다. 교육적으로는 근대 교육제도(學制, 1872)가 제정 공포되고, 〈敎育勅語〉(1890)와 「기미가요(君が代)」(1893) 등을 제정하여 제정일치의 초국가주의 교육체제를 확립하였으며,[2] 교과서정책 또한 메이지 초기 〈自由制〉, 1880년 〈開申制(屆出制)〉, 1883년 〈認可制〉, 그리고 1886년 〈檢定制〉를 거쳐, 1904년 〈國定敎科書〉 제도로서 규제해 나간다.

일본어의 '母語 = 國語' 이데올로기는 우에다 가즈토시(上田萬年)의 주장에 의해 보다 구체화 되었다. 그러나 그 중핵은 학습에 의해서만 습득할 수 있는 지극히 인위적인 언어였다. 그럼에도 불구하고 근대일본의 여러 제도(교육, 법률, 미디어 등)는, 이 口語에 의해 유지되어, '母語 = 國語' 이데올로기로 확대 재생산되기에 이르렀으며, 오늘날에도 '日本語 = 國語'는 일본인에 있어서 자명한 사실인 것처럼 받아들여지고 있다.

---

1) 高範瑞 외 2인(1989), 『現代 이데올로기 總論』, 학문사, pp.11∼18 참조.
2) 黃惠淑(2000), 「日本社會科敎育의 理念變遷硏究」, 韓國敎員大學校 大學院 博士學位論文, p.1.

2) 강점 이후 조선의 교육제도와 일본어 교육

일본은 국가신도(國家神道)를 통하여 일본인과 조선인에게 천황신성사상의 이데올로기를 심어주려 하였다. 만세일계의 황통, 팔굉일우(八紘一宇), 국체명징(國體明徵), 기미가요(君が代) 등으로 표현되는 천황에 대한 충성심, 희생정신이 일본국가주의의 중심사상으로 자리 잡게 된 것이다.

'명령과 절대복종'식의 도덕성과 충군애국사상을, 교육을 통해서 심어주고자 한 '국가주의'에 의한 일본식 교육이 식민지 조선이라는 식민지의 특수한 상황에서 풍속미화의 동화 정책 중에서도 가장 기본적인 수단으로 중요시되었다. 이는 말과 역사를 정복하는 것이 동화 정책의 시작이요, 완성이라는 의미이다.

1910년 8월 29일, 한국은 일본에 합병되었으며, 메이지천황의 합병에 관한 조서(詔書)는 다음과 같다.

> 짐은 동양의 평화를 영원히 유지하고 제국의 안전을 장래에 보장할 필요를 고려하여…조선을 일본제국에 합병함으로써 시세의 요구에 응하지 않을 수 없음을 염두에 두어 이에 영구히 조선을 제국에 합병하노라……3)

일제는 한일합방이 이루어지자, 大韓帝國을 일본제국의 한 지역으로 인식시키기 위하여 朝鮮으로 개칭(改稱)하였다. 그리고 제국주의 식민지정책 기관으로 朝鮮總督府를 설치하고, 초대 총독으로 데라우치 마사타케(寺內正毅, 이하 데라우치)를 임명하여 무단정치와 제국신민 교육을 병행하여 추진하였다. 따라서 일제는 조선인 교육정책의 중점을 '점진적 동화주의'에 두고 풍속미화(풍속의 일본화), 일본어 사용, 국정교과서의 편찬과 교원 양

---

3) 教育編纂会(1964), 『明治以降教育制度発達史』 第十卷, p.41 ; 朝鮮教育研究會(1918), 『朝鮮教育者必讀』, pp.47~48 참조.

성, 여자 교육과 실업 교육에 주력하여 보통 교육으로 관철시키고자 했다. 특히 일제 보통 교육 정책의 근간이 되는 풍속미화는 황국신민의 품성과 자질을 육성하기 위한 것으로 일본의 국체정신에 대한 충성, 근면, 정직, 순량, 청결, 저축 등의 습속을 함양하는데 있었다. 일본에서는 이를 〈통속 교육위원회〉라는 기구를 설치하여 사회 교화라는 차원에서 실행하였는데, 조선에서는 이러한 사회 교화 정책을, 보통학교를 거점으로 구상하였다는 점4)에서 일본과 차이를 보여 준다.

조선총독부는 한국병합 1년 후인 1911년 8월 24일 〈朝鮮教育令〉5)을 공포하고 이를 근거로 본격적인 동화교육에 착수한다. 초대 조선총독 데라우치의 교육에 관한 근본방침에 근거한 〈朝鮮教育令〉은 全文 三十條로 되어 있으며, 그 취지는 다음과 같다.

조선은 아직 일본과 사정이 같지 않아서, 이로써 그 교육은 특히 덕성(德性)의 함양과 일본어의 보급에 주력함으로써 황국신민다운 성격을 양성하고 아울러 생활에 필요한 지식 기능을 교육함을 본지(本旨)로 하고……조선이 제국의 융운(隆運)에 동반하여 그 경복(慶福)을 만끽함은 실로 후진 교육에 중차대한 조선 민중을 잘 유의시켜 각자 그 분수에 맞게 자제를 교육시켜 成德 達才의 정도에 따라야 할 것이며, 비로소 조선의 민중은 우리 皇上一視同仁의 홍은(鴻恩)을 입고, 一身一家의 福利를 향수(享受)하고 人文 발전에 공헌함으로써 제국신민다운 열매를 맺을 것이다.6)

---

4) 정혜정·배영희(2004), 「일제 강점기 보통학교 교육정책연구」, 『教育史學 研究』, 서울대학교 教育史學會, p.166 참고.
5) 教育編纂会(1964. 10.), 『明治以降教育制度発達史』 第十卷, pp.60~63.
6) 조선총독부(1919. 1.), 『朝鮮教育要覽』, p.21 ; 教育編纂会 『明治以降教育制度発達史』 第十卷, pp.64~65.

데라우치가 제시한 식민지 교육에 관한 세 가지 방침은, 첫째, '조선인에 대하여 〈敎育勅語〉(Imperial rescript on Education)의 취지에 근거하여 덕육을 실시할 것.' 둘째, '조선인에게 반드시 일본어를 배우게 할 것이며 학교에서 敎授用語는 일본어로 할 것.' 셋째, '조선인에 대한 교육제도는 일본인과는 별도로 하고 조선의 時勢 및 民度에 따른 점진주의에 의해 교육을 시행하는 것'이었다. 이에 따라 교사의 양성에 있어서도 〈朝鮮敎育令〉에 의한 사범교육을 실시하게 되는데, 구한말 〈교육입국조서〉의 취지에 따라 설립했던 기존의 '한성사범학교'를 폐지하고, '관립고등보통학교'와 '관립여자고등보통학교'를 졸업한 자를 대상으로 1년간의 사범교육을 실시하여 교원을 배출하였으며, 부족한 교원은 '경성고등보통학교'와 '평양고등보통학교'에 부설로 임시교원 속성과(수업 기간 3개월)를 설치하여 보충하였다.

〈朝鮮敎育令〉(1911)에 의거한 데라우치의 교육방침은 "일본인 자제에게는 학술, 기예의 교육을 받게 하여 국가 융성의 주체가 되게 하고, 조선인 자제에게는 덕성의 함양과 근검을 훈육하여 충량한 국민으로 양성해 나가는 것"[7]이었다. 이러한 교육 목표에 의하여, 일상생활에 '필수(必須)적인 知識技能을 몸에 익혀 실세에 적응할 보통 교육을 강조하는 한편, 1911년 11월의 「일반인에 대한 유고(諭告)」에서는 '덕성의 함양'과 '일본어 보급'을 통하여 '신민양성의 필요성'을 역설하기도 했다.

〈朝鮮敎育令〉 교육연한은 보통학교 3~4년제, 고등보통학교 4년제, 여자고등보통학교 3년제로 되어 있는데, 이는 일본인학교의 교육연한과 다른 교육정책(1912년 3월 府令 제44호, 45호에 의하여 일본인 초등학교 6년제, 중학교 5년제, 고등여학교 5년제)으로, 당시의 교육 제도가 복선형 교육 제도였음을 말해 주고 있다.

---

7) 정혜정·배영희(2004), 위의 논문, p.167.

이 시기 보통학교의 교과목과 교과 과정, 수업 시수를 〈표 1〉로 정리하였다.

〈표 1〉〈제1차 조선교육령〉시기 보통학교 교과과정과 주당 교수시수(1911~1921)[8]

학년 과목	1학년 과정	시수	2학년 과정	시수	3학년 과정	시수	4학년 과정	시수
수신	수신의 요지	1	좌동	1	좌동	1	좌동	1
국어	독법, 해석, 회화, 암송, 받아쓰기, 작문, 습자	10	좌동	10	좌동	10	좌동	10
조선어 及한문	독법, 해석, 받아쓰기, 작문, 습자	6	좌동	6	좌동	5	좌동	5
산술	정수	6	좌동	6	좌동, 소수, 제등수, 주산	6	분수, 비례, 보합산, 구적, 주산	6
이과					자연계의 사물현상 및 그의 이용	2	좌동, 인신 생리 및 위생의 대요	2
창가	단음창가	3	좌동	3	좌동	3	좌동	3
체조	체조, 보통체조				좌동		좌동	
도화	자재화				좌동		좌동	
수공	간이한 세공				좌동	2	좌동	2
재봉及 수공	운침법, 보통의류의 재봉, 간이한 수예		보통의류의 재봉법, 선법, 간이한 수예		좌동 및 의류의 선법		좌동	
농업초보					농업의 초보 및 실습		좌동	
상업초보					상업의 초보		좌동	
계		26		26		27		27
국어/전체시수(%)		38		38		37		37

---

8) 〈표 1〉은 김경자 외 공저(2005), 『한국근대초등 교육의 좌절』, p.77을 참고하여 재작성하였음.

〈표 1〉에서 알 수 있듯이 1, 2학년의 교과목에는 '수신', '국어', '조선어 및 한문', '산술', '창가'에 시수를 배정하였으며, '체조', '도화', '수공'과, '재봉 및 수공(女)'과목은 공식적으로 시수를 배정하지 않았다. 그러나 교과 과정을 명시하여 교사의 재량 하에 교육 과정을 이수하게 하였다. 그리고 3, 4학년 과정에서 '조선어 및 한문'을 1시간을 줄이고 '수공'에 2시간을 배정함으로써 차츰 실용 교육을 지향하고 있음을 보여준다.

가장 주목되는 것은, '國語(일본어)' 과목이 일제(日帝)의 식민지 지배이데올로기를 담고 있기 때문에, 타 교과목에 비해 압도적인 시수와 비중을 차지하고 있다는 점이다. 특히 언어교육은 지배국의 이데올로기를 담고 있기 때문에 일본어 교육은 일제가 동화 정책의 출발점에서 가장 중요시하였던 부분이었다. 〈표 1〉에서 제시된 '國語'과목의 주된 교과 과정은 독법, 회화, 암송, 작문, 습자 등으로 일본어 교육의 측면만을 드러내고 있다. 그런데 교과서의 주된 내용이 일본의 역사, 지리, 생물, 과학을 포괄하고 있을 뿐만 아니라, 일본의 사상, 문화, 문명은 물론 '실세에 적응할 보통 교육' 수준의 실용 교육에 까지 미치고 있어, 식민지 교육을 위한 종합교과서 격인 '國語'교과서만으로도 이 모든 과정을 학습하도록 되어 있다. 때문에 40%에 가까운 압도적인 시수를 배정하여 집중적으로 교육하였음을 알 수 있다.

3) 3·1독립운동과 〈제2차 조선교육령〉 시기의 일본어 교육

강점 이후 데라우치 마사타케에서 육군 대장 하세가와 요시미치(長谷川 好道) 총독으로 계승된 무단통치는 조선인들에게 반일감정을 고조시켰으며, 마침내 〈3·1독립운동〉이라는 예상치 못한 결과를 초래했다.

경찰을 동원한 강력한 무단통치에 항거하는 의병과 애국계몽 운동가들을 무자비하게 탄압하고, 민족 고유 문화의 말살, 경제적 침탈의 강화로

대부분의 조선 민족은 생존에 심각한 위협을 느꼈다. 게다가 민족자본가 계급은 민족 자본의 성장을 억제할 목적으로 실시된 〈회사령(會社令)〉(1910)으로 큰 타격을 받았으며, 농민의 경우 집요하게 실시된 토지조사사업(1910~1918)으로 인하여 극히 일부 지주층을 제외하고는 빈농 또는 소작농으로 전락하기에 이르렀다. 자본가, 농민, 노동자 등 사회구성의 모든 계층이 그간의 식민통치 피해를 직접적으로 체감하게 되면서 민중들의 정치, 사회 의식이 급격히 높아져 갔다.

때마침 1918년 1월 미국의 윌슨 대통령이 〈제1차 세계대전〉의 전후 처리를 위해 〈14개조 평화원칙〉을 발표하고 민족자결주의를 제창함에 따라, 만주를 시작으로 일본에서도 조선 독립 운동이 시작되었다. 동년 말 만주 지린의 망명 독립 운동가들에 의한 〈무오독립선언〉과, 이듬해 2월 일본의 조선유학생이 중심이 된 〈2·8 독립선언〉이 그것이다. 여기에 고종의 독살설이 소문으로 퍼진 것이 계기가 되어 지식인, 종교인들이 조선독립의 불길을 지피게 되자, 삽시간에 거족적인 항일민족운동으로 번져나갔던 것이다.

이 같은 〈3·1독립운동〉은 급기야 상해 임시정부가 수립되는 성과와 일제의 무단통치를 종결시키게 되는 계기가 되었다.

이후 조선총독 정치의 재편과 문화통치의 실시에는 당시 일본 수상이었던 하라 다카시(原敬)의 아이디어가 많이 작용했다. 하라 다카시는 한반도에서의 독립 만세 운동 사건을 접한 후 조선 통치 방법에 변화를 시행할 필요를 느끼고 조선총독부 관제를 개정함과 동시에 새로운 인사 조치를 단행했다. 그리하여 하세가와(長谷川)총독의 사표를 받고, 이어 제 3대 총독으로 사이토 마코토(斎藤實)를 임명하여 문화정치를 표방하면서 조선인의 감정을 무마하려고 하였다. 새로 부임한 사이토는 1919년 9월 3일 새로운 시정 방침에 대한 훈시에서 "새로운 시정방침이 천황의 聖恩에 의한 것"이라고 전제하고 "內鮮人으로 하여금 항상 동포애로 相接하며 공동협력

할 것이며, 특히 조선인들은 심신을 연마하고 문화와 民力을 향상시키기를 바란다."[9]라고 했는데, 이때부터 총독의 공식적인 발언에서 '내선융화'라는 단어가 빈번하게 사용되었다. 이러한 식민지 융화 정책의 일환으로 1919년 말에는 3면 1교제를 내세워 조선인도 일본인과 동일하게 처우할 것임을 공언하였으며, 1920년에는 부분적으로 개정된 교육령(칙령 제19호)을 제시하여 〈일시동인〉의 서막을 열었다. 그리고 1922년 2월 교육령을 전면 개정하여 전문 32개조의 〈제2차 조선교육령〉을 공포하였는데, 이는 〈3·1독립운동〉으로 대표되는 조선인의 저항에 따른 식민지 교육에 대한 부분적인 궤도 수정이라 할 수 있겠다.

〈제2차 조선교육령〉의 특기할만한 점은 일시동인을 추구하여 일본 본토의 교육제도에 준거하여 만들어졌다는 점이다. 따라서 교육제도와 수업연한 등에서 이전과는 다른 변화를 찾을 수 있으며, 종래에 저급하게 짜였던 학교 체계를 고쳐 사범 교육과 대학 교육을 첨가하고 보통 교육, 실업 교육, 전문 교육의 수업연한을 다소 늘였다. 그러나 법령 제3조에서 '국어(일본어)를 상용하는 자와 그렇지 않은 자'를 구별하였으며, 종래와 같이 일본인을 위한 소학교와 조선인을 위한 보통학교를 여전히 존속시킴으로써 실질적으로는 민족차별을 조장하였다. 이는 이 시기 보통학교 교육에 대한 취지와 목적이 〈제1차 조선교육령〉과 별반 다르지 않다는 것만 보아도 알 수 있다.

당시 조선총독부에서 제시한 신교육의 요지와 개정된 교육령을 보면,

보통 교육은 국민 된 자격을 양성하는 데 있어 특히 긴요한 바로서 이 점에 있어서는 법령의 경개에 의하여 변동이 생길 이유가 없음은 물론이다. 즉 고래의 양풍미속을 존중하고 순량한 인격의 도야를 도모하며 나아

---

9) 조선총독부(1921), 『朝鮮에 在한 新施政』, pp.54~56.

가서는 사회에 봉사하는 념(念)을 두텁게 하여 동포 집목의 미풍을 함양 하는데 힘쓰고 또 일본어에 숙달케 하는데 중점을 두며 근로애호의 정신 을 기르고 홍업치산의 지조를 공고히 하게 하는 것을 신교육의 요지로 한다.[10]

보통학교는 아동의 신체적 발달에 유의하여, 이에 덕육을 실시하며, 생활 에 필수한 보통의 지식 및 기능을 수여하여 국민으로서의 성격을 함양하 고 국어를 습득시킬 것을 목적으로 한다.[11]

라고 되어 있어, 이전의 '충량한 신민의 육성'이라는 교육 목표를 언급하고 있지는 않지만, 교육 목적은 이전과 다를 바 없다는 것을 쉽게 파악할 수 있다. 그러나 생활에 필수적인 보통의 지식과 기능을 기른다고 명시함으로 써 학교에서 가르쳐야 할 것을 생활의 '필요'에 한정하고 있으며, '신체적 발달의 유의'나 國語 즉 일본어를 습득시켜 충량한 신민을 양육하고자 하 는 의도는 그대로 함축되어 있음을 알 수 있다.

〈제2차 조선교육령〉에서 이전의 교육령에 비해 눈에 띠게 변화된 점이 있다면 바로 수업연한이 6년제로 바뀐 점이다. 조선총독부는 이의 규정을 제5조에 두었는데, 그 조항을 살펴보면 "보통학교의 수업 연한은 6년으로 한다. 단 지역의 정황에 따라 5년 또는 4년으로 할 수 있다."[12]로 명시하여 지역 상황에 따른 수업연한의 유동성을 예시하였다. 이에 따른 교과목과 교육 시수를 살펴보자.

---

10) 조선총독부(1922), 「관보」, 1922. 2. 6.
11) 〈제2차 조선교육령〉 제4조.
12) 〈제2차 조선교육령〉 제5조.

〈표 2〉 〈제2차 조선교육령〉에 의한 보통학교 교과목 및 주당 교수 시수

학제	4년제 보통학교				5년제 보통학교					6년제 보통학교					
과목\학년	1	2	3	4	1	2	3	4	5	1	2	3	4	5	6
수신	1	1	1	1	1	1	1	1	1	1	1	1	1	1	1
국어	10	12	12	12	10	12	12	12	9	10	12	12	12	9	9
조선어	4	4	3	3	4	4	3	3	3	4	4	3	3	3	3
산술	5	5	6	6	5	5	6	6	4	5	5	6	6	4	4
일본역사									5					2	2
지리														2	2
이과				3				2	2				2	2	2
도화			1	1			1	1	2(남)1(여)				1	2(남)1(여)	2(남)1(여)
창가 체조	3	3	1 / 3(남)2(여)	1 / 3(남)2(여)	3	3	1 / 1	1 / 3(남)2(여)	1 / 3(남)2(여)	3	3	3	1 / 3(남)2(여)	1 / 3(남)2(여)	1 / 3(남)2(여)
재봉			2	2				2	3				2	3	3
수공															
계	23	25	27(남)28(여)	27(남)28(여)	23	25	27	29(남)31(여)	30(남)31(여)	23	25	27	29(남)30(여)	29(남)30(여)	29(남)30(여)

〈제2차 조선교육령〉 시행 시기는 〈제1차 조선교육령〉기에 비하여 '조선어 및 한문'이 '조선어'과목으로만 되어 있으며, 수업 시수가 이전에 비해 상당히 줄어든 반면, 國語(일본어) 시간이 대폭 늘어났다. 이 시기는 기존의 '國語'과목에 포함되어 있던 '역사'와 '지리'를 별도의 과목으로 신설, 5, 6학년 과정에 배치함으로써 일본 역사와 일본 지리에 대한 본격적인 교육을 실행하고자 하였음이 주목된다.

한편 4년제 보통학교의 경우 조선어 교과의 비중 감소나 직업 교과의 비중 감소 등은 6년제와 유사하다. 그러나 5년제, 6년제에 비해 역사, 지리 등의 교과가 개설되지 않았다는 점에서 이 시기의 4년제 보통학교는 '간이'

한 성격의 교육기관이었음을 알 수 있다.

또한 조선총독부는 지속적으로 〈보통학교규정〉을 개정하였는데, 개정된 보통학교 규정의 주요 항목들을 살펴보면, 1923년 7월 31일 〈조선총독부령 제100호〉로 개정된 〈보통학교규정〉에서는 4년제 보통학교의 학과목의 학년별 교수정도와 매주 교수 시수 표상의 산술 과목 제 4학년 과정에 '주산가감'을 첨가하도록 하였다. 1926년 2월 26일 〈조선총독부령 제19호〉의 〈보통학교규정〉에서는 보통학교의 교과목을 다음과 같이 부분적으로 개정하였는데, ①제7조 제3항(4년제 보통학교는 농업, 상업, 한문은 가할 수 없음) 중 농업, 상업을 삭제하고 ②"수의과목이나 선택과목으로 한문을 가하는 경우 제5학년, 제6학년에서 이를 가하고 이의 매주 교수 시수는 전항의 예에 의하는 것"으로 하였다. 그리고 1927년 3월 31일자 〈조선총독부령 제22호〉의 〈보통학교규정〉에서는 보통학교 교과목 중 '일본역사' 과목의 과목명을 '국사'로 바꾸었다.

한편 〈제2차 조선교육령〉에 나타난 '교수상의 주의사항'을 〈제1차 조선교육령〉기와 비교해 볼 때, 국어(일본어) 사용과 관련된 기존의 항목만이 삭제되고 나머지는 거의 유사하다. 이와 같이 일본어 사용에 대한 명시적인 강조가 사라진 것은 1919년 3·1독립운동 이후 조선의 전반적인 사회분위기를 고려한 것으로 추정된다.

4) 중일전쟁과 〈제3차 조선교육령〉 시기의 일본어 교육

1931년 9월 만주사변을 일으킨 일제는 이듬해인 1932년 만주국을 건설하고 1933년 10월에는 국제연맹에서 탈퇴하는 등, 군국주의로 치닫기 시작하여 급기야 중국 본토를 정복할 목적으로 1937년 7월 중국과의 전면전을 개시하였다. 이른바 〈중일전쟁〉이 시작된 것이다. 이를 위해 일제는 조선을 대륙의 전진기지로서 인적 물적 자원의 공급지로 재규정하고, 육군 대장 출신 미나미 지로(南次郞)를 제7대 조선총독으로 임명하여 강력한 황민화 정책을 시행코자 하였다. 일본 내에서도 '전쟁확대론'을 주장하였던 미나미 총독은 조선인의 전시동원을 목적으로 교육을 통한 충량한 황국신민화를 강력히 추진해 나갔는데, 1938년 이의 법적장치로 '국체명징(國體明徵)', '내선일체', '인고단련(忍苦鍛鍊)' 등을 3대 강령으로 하는 〈제3차 조선교육령〉을 공포하기에 이른다.

개정된 교육령에 의한 변화는 단연 교육기관 명칭의 개칭과 황민화 교육을 위한 관공립 학교의 활발한 설립이 눈에 띤다. 기존의 '普通學校'를 '심상소학교(尋常小學校)'로, '고등보통학교'를 '중학교(中學校)'로, '여자고등보통학교'를 '고등여학교(高等女學校)'로 개칭하였음이 그것이며, 1938년부터 1943년에 이르기까지 사립중학교 설립은 전면 불허한 반면, 공립중학교 17교, 공립고등여학교 22교를 신설하였음이 그것이다. 일제는 이를 기반으로 전쟁 동원을 위한 충량한 황국신민을 양성해 나아갔다.

〈제3차 조선교육령〉의 최대 목표가 국가 유용성에 의한 황국신민화였던 만큼, 일제는 이를 효과적으로 실현하고자 조선총독부령으로 〈소학교규정〉과 〈교수상의 주의사항〉을 하달하였다. 개정 보완된 주요 항목은 다음과 같다.

(1) '교육에 관한 칙어'(敎育勅語)에 기반하여 국민도덕의 함양에 힘쓰며 국체의 본의를 분명히 하여 아동으로 하여금 황국신민으로서의 자각을 가다듬어 皇運扶翼의 道를 철저히 한다.
(2) 아동의 덕성을 함양하여 순량한 인격의 도야를 도모하고 건전한 황국신민으로서의 자질을 얻게 하고, 나아가서 국가와 사회에 봉사하는 마음을 두터히 하며 내선일체와 동포가 서로 화목하는 미풍을 기르도록 한다.
(3) 근로애호의 정신을 길러 흥업치산의 강조를 공고히 하도록 한다.

(4) 지식 기능은 언제나 실생활에 필요한 사실을 선택하게하고 산업에 대한 사항에 관하여는 특히 유의하여 교수하고, 반복 연습케 하여 응용 자재 하도록 한다.

(5) 아동의 신체를 건전하게 발달케 하고 어느 교과에 있어서나 그 교수는 아동의 심신발달의 정도에 부합하도록 한다.

(6) 남녀의 유별은 물론, 개인의 환경이나 특성 및 그 장래의 생활에 유의하여 각각 적당한 교육을 하도록 한다.

(7) 일본어를 습득시키고 그 사용을 정확히 하고 응용을 자재케 하여서 일본어교육의 철저를 기하여 황국신민된 성격을 함양하도록 한다.

(8) 교수 용어는 일본어를 사용한다.

(9) 각 교과목의 교수는 그 목적 및 방법을 착오없이 상호관련 보충하여 이익이 되게 한다.[13]

이 시기의 〈교수상의 주의사항〉은 교육 목적에 명시한대로 특히 '내선일체'를 위한 교수를 강조하고 있다. 조선아동의 덕성과 인격의 도야, 국가 사회에 봉사하는 마음, 근로애호의 정신, 아동의 심신발달 등등 교수상의 모든 주의사항이 내선일체 하여 충량한 황국신민이 되자는 목표에 귀결되고 있는 것이다. 신설된 (7), (8)항과 같이 교육 현장에서 일본어 상용을 강조한 것 역시 같은 맥락이라 하겠다.

교과목의 편제에 있어서도 '조선어'가 수의과목(선택과목)으로 전락하였고, '國語(일본어)', '國史(일본사)', '修身', '체육' 등의 교과가 강화되었다는 것, 그리고 새로이 '직업(職業)'과목이 도입되었다는 점도 간과할 수 없다.

이 시기의 교과목 및 주당 교육 시수를 〈표 3〉에서 살펴보자.

---

13) 1938년 3월 15일자 조선총독부령 제24호 〈소학교규정〉 ; 김경자 외(2005), 앞의 책, p.113.

〈표 3〉〈제3차 조선교육령〉에 의한 소학교 교과목 및 주당 교수 시수

학제	4년제 소학교				6년제 소학교						비 고
과목 \ 학년	1	2	3	4	1	2	3	4	5	6	
수신	2	2	2	2	2	2	2	2	2	2	
국어(일본어)	12	12	12	11	10	12	12	12	9	9	
조선어	3	3	3	2	4	3	3	2	2	2	수의 (선택) 과목
산술	5	6	6	5	5	5	6	6	4	4	
국사(일본)			2					2	2		
지리									2	2	
이과				3				2	2	2	
직업/실업			3(남) 1(여)	3(남) 1(여)				2(남) 1(여)	3(남) 1(여)	3(남) 1(여)	
도화		1	1	1			1	1	2(남) 1(여)	2(남) 1(여)	
수공	1	1	1	1	1	1	1	1	1	1	
창가	3	3	1	1	4	4	1	1	2	2	
체조			3(남) 2(여)	3(남) 2(여)			3	3	3(남) 2(여)	3(남) 2(여)	
가사 및 재봉			3(여)	3(여)					3(여)	4(여)	4(여)
계	26	28	32(남) 32(여)	34(남) 34(여)	26	27	29	32(남) 34(여)	34(남) 34(여)	34(남) 34(여)	

〈표 3〉에서 보듯, 이 시기의 교과목은 '수신', '국어(일본어)', '산술', '국사', '지리', '이과', '직업', '도화', '수공', '창가', '체조', '가사 및 재봉(여)'이며, 조선어는 가설 과목 또는 수의 과목으로 배치되어 있다. 황국 이데올로기적 성격이 강한 '修身'과는 전 학년 공히 2시간으로 배정되어 이전에 비해 2배로 증가한 면을 드러낸다. '창가', '체조' 및 실업 관련 과목 또한 뚜렷한 증가세를 보인 반면, 선택과목으로 전락한 '조선어'의 비중은 그나마 대폭 축소되었음을 알 수 있다. 또 이전에는 교과목만 개설하고 시수를 배정하지 않은 가설과목이었던 '수공' 과목이 1928년 이후 필수과목(단, '직업'과에

서 공업을 가르치는 경우에만 다른 과목으로 대치 가능)이 되어 전학년 공히 1시간씩 배정된 것도 그렇지만, 기존의 선택과목이었던 '실업'과를 '직업'과로 개칭하여 필수과목으로 한 '직업'과의 시수가 고학년에 男 2~3시간, 女 1시간씩 배정된 것도 눈여겨 볼 부분이다. 식민지 조선에서의 '직업'과의 중요성은 당시 학무국장(1933~1936) 와타나베 도요히코(渡邊豊日子)가,

> 「직업」과 교육은 조선 초등 교육의 내용적 기본을 이루고 있음에 주목해야 한다. 〈중략〉 본 교육이 이루어지는가 이루어지지 않는가에 따라 교육 전반이 궤도를 지키는가 탈선하는가가 결정되므로 당국은 이에 크게 주력하고 있다.14)

라고 주장함으로써 '직업'과 교육의 실행 여부에 따라 식민지 초등 교육의 성공의 잣대로 삼고 있었음을 알 수 있다. 이에 따른 교과서의 편찬도 내적으로는 내선일체와 황국신민화에, 외적으로는 병참기지로서의 인적 물적 자원 양산을 위한다는 방침 아래, 이러한 방향을 취하였음은 물론이다. 이는 이 시기 교육 목표가 '일본어의 상용', '황국이데올로기 교화', 그리고 졸업 후 바로 생산체제에 투입하기 위한 '직업훈련의 강화'에 보다 역점을 두었음을 말해주고 있다. 이를 기반으로 일제는 전쟁 동원을 위한 충량한 황국신민을 양성해 나아갔던 것이다.

---

14) 김경자 외(2005), 앞의 책, p.73 재인용.

3. 〈제4차 조선교육령〉 시기의 일본어 교육

1) 태평양전쟁과 〈제4차 조선교육령〉

1937년 7월 중국을 침략한 일본은 〈중일전쟁〉의 장기전으로 치닫으면서 전쟁을 위한 지하자원 및 원료의 부족으로 어려움에 처하게 된다. 게다가 미국이 중국 등 해외에 주둔하고 있는 일본 군대의 철수를 요구하자 1939년 미일 통상조약이 파기되면서 미국은 일본에 대한 석유·철광 등 지하자원 수출을 완전히 중단하였다. 이러한 상황에 직면한 일본 군부는 1941년 11월 미국 측에 경제 제재의 해제를 강력히 요구하지만 협상은 끝내 결렬되었고, 더욱이 중국인의 저항까지도 미국의 원조에 의한 것이라고 판단하였다. 급기야 12월 8일 미국의 하와이 진주만 기습공격으로 시작된 〈태평양전쟁〉(1941. 12.~1945. 8.)은 미국의 군비 확장에도 불구하고, 전쟁 초기에는 승승장구하는 일본군에게 필리핀을 위시한 동남아 지역과 서태평양 지역을 내어주게 된다.

주지하는 대로 태평양전쟁 시기의 아동교육은 국가를 위하여 전쟁을 감당할 황군육성에 있었다고 해도 과언이 아니다. 여기에는 국가 이데올로기 주입이 가장 큰 관건이었는데, 이 시기의 초등학교는 군사교육체제를 위한 국가 이데올로기를 주입하기에 가장 효율적인 공간이었다. 이에 따라 일제는 태평양전쟁이 발발하기 훨씬 전부터 식민지인의 전시 교육을 위한 초등교육체제를 일괄 정비하고 이의 법령화에 착수하였고, 1941년 3월 1일 조선에 〈국민학교령(國民學校令)〉을 공포하기에 이른다. 이 법령에 의하여 기존의 '소학교'라는 명칭은 황국신민화의 강화 체제의 표상인 '國民學校'로 전면 개칭되었으며, 제1조에 명시된 대로 "皇國의 道에 따라… 국민의 기초적 鍊成을 목적"으로 하는 초등 교육이 실시되게 된다. 특히 유념할 사항은 동년 3월 31일 발포한 〈국민학교규정〉 제2조의 14개 항에 잘 나타나 있다.

(1) 교육에 관한 칙어의 취지에 기초하여 교육 전반에 걸쳐 황국의 도를 수련시키며, 특히 국체에 대한 신념을 공고(鞏固)히 하여 황국신민다운 자각에 철저하도록 힘쓸 것.

(2) 一視同仁의 聖旨를 받들어 충량한 황국신민다운 자질을 체득시켜 內鮮一體와 信愛協力의 美風을 양성하는데 힘쓸 것.

(3) 國民生活의 필수인 보통의 知識·技能을 체득시켜 情操를 純化하고 건전한 心身의 育成에 힘쓸 것.

(4) 일본 문화의 특질을 明白히 하고 동아시아 및 世界의 대세를 파악하고 皇國의 지위와 사명을 자각하도록 할 것.

(5) 교수, 훈련 및 양호의 분리를 피하고 心身을 일체로 해서 단련하여 皇國臣民으로서의 統一的 인격으로의 발전을 기할 것.

(6) 각 교과 및 과목은 그 특색을 발휘시키도록 함과 동시에 상호연관을 긴밀히 하여 皇國臣民鍊成의 길로 나아가도록 할 것.

(7) 儀式, 학교 행사 등을 중시하며, 이를 교과와 병행하여 一體化 함으로써 교육의 내실을 거둘 수 있도록 힘쓸 것.

(8) 가정 및 사회와의 연결을 긴밀히 하여 아동의 교육에 전력을 다할 것.

(9) 교육을 國民生活에 들어맞게 구체적 실질적실시 하여 근로애호 정신을 함양하고 治産興業의 지조를 견고히 하는데 힘쓰고 또한 장래의 직업생활에 대해서 적절하게 지도할 것.

(10) 아동 심신의 발달에 유의하여 남녀의 특성, 개성, 환경 등을 고려하여 적절한 교육을 실시할 것.

(11) 敎材를 精選하고 교수를 철저히 함과 아울러 반복 연습하여 자유자재로 적용할 수 있도록 힘쓸 것.

(12) 교육에 대한 아동의 흥미를 환기시켜 스스로 수련하는 습관을 기르도록 힘쓸 것.

(13) 純正한 國語(일본어)를 습득시켜 그것을 정확하고도 자유자재로 사용할 수 있도록 國語교육을 철저히 하여 皇國臣民으로서의 성격을 涵養하도록 힘쓸 것.

(14) 敎授용어는 國語를 사용할 것.15)

이상 14개의 조항을 살펴보면 〈敎育勅語〉의 정신을 바탕으로 한 "충량한 황국신민다운 자질의 체득"이 최고의 목표임을 알 수 있다. 이는 이전 소학교의 목적이었던 '아동의 신체발달 유의'나 '국민도덕의 함양', '국민생활에 필요한 보통 교육', '충량한 황국신민' 등의 내용이 "황국의 道"로서 함축 제시되어 있으며, 황국의 이데올로기가 고스란히 담긴 자국어로서 언어를 통일함으로써 "국민의 기초적 연성"을 이루려 하였다. 이러한 것은 太平洋戰爭을 앞두고 전시체제에 대비한 충량한 황국신민 양성을 위하여 수신, 국어, 국사, 지리 교과목을 「國民科」로 통합 제시한 「國民科」의 수업 목표에도 그대로 드러나 있다.

國民科는 我國의 도덕, 언어, 역사, 국사, 국토, 國勢 등을 습득하도록 하며, 특히 國體의 淨化를 明白하게 하고 國民精神을 涵養하여 皇國의 使命을 自覺하도록 하여 忠君愛國의 志氣를 養成하는 것을 요지로 한다. 皇國에 태어남 것을 기쁘게 느끼고 敬神, 奉公의 眞意를 체득시키도록 할 것. 我國의 歷史, 國土가 우수한 국민성을 육성시키는 理致임을 알게 하고 我國文化의 特質을 明白하게 하여 그것의 創造와 發展에 힘쓰는 정신을 양성할 것. 타 교과와 서로 연결하여 정치, 경제, 국방, 해양 등에 관한 사항의 敎授에 유의 할 것."16)

이처럼 일제의 식민주의 교육은 태평양전쟁이 발발하기 전부터 이미 법령화를 거쳐 시행되고 있었다.

이윽고 동년 12월 일제의 하와이 진주만 공격을 시작으로 태평양전쟁은

15) 조선총독부령 제90호(1941, 昭和16), 〈國民學校規正〉 제2조, 1941. 3. 31.
16) 위의 법령, 제3조, 1941. 3. 31.

시작되었고, 전쟁이 고조됨에 따라 모든 교육 제도와 교육 과정의 전시체제 강화를 절감한 조선총독부는 1943년 3월 〈제4차 조선교육령〉을 공포하기에 이른다. 제8대 총독 고이소 구니아키(小磯国昭)가 '황국의 도(道)에 따른 전시적응을 위한 국민연성(國民練成)'에 목적을 두고 또다시 개정된 〈제4차 조선교육령〉의 취지는 다음과 같다.

> 조선의 교육부문은 국가의 결전체제하에서 특히 징병제 및 의무교육제를 앞에 두고 획기적 쇄신을 도모할 필요가 있고… 〈중략〉 개정의 중점은 인재의 국가적 급수(急需)에 응하기 위한 수업연한 단축과 사범학교의 전문학교 승격 등에 있으나, 이것의 질적 혁신의 기도에 이르러서는 모든 사람이 강한 관심을 쏟아야 한다. 〈중략〉 금년에는 전력을 다하여 식량증산을 하여야 하는 바 초등학교 이상 각종 학교의 학생들은 농업보국운동에 참가봉사하게 하려는 방침인바 이것은 곧 軟性의 취지인 것이다.[17]

결전체제하에서 식민지 교육의 획기적인 쇄신이라 함은 전시동원 인력의 시급한 양성을 위한 전시교육체제의 확립과 실천이었다. 이에 따라 교육령의 개정도 유사시 초등학교 이상의 학생을 전시에 동원하는 것에 중점을 두고 있었다. 이러한 배경하에 학생들은 단순히 학생으로서가 아닌, 예비 군인이었으며, 전쟁 수행으로 인한 부족한 노동력을 대신하는 노무자, 산업 현장에서 일하는 산업역군이었으며, 전쟁터에 나간 군인을 전적으로 지원하는 후방 국민에 이르기까지 다양한 역할을 강요받기에 이른다.

태평양전쟁의 전세가 점점 불리하게 전개되자 일제는 1943년 〈교육에 관한 전시비상조치령〉을 공포하여 학생의 군사교육을 더욱 강화하였다. 그리고 〈전시학도 체육훈련 실시요강〉(1943. 4)을 비롯한 각종 요강 및 규

---

17) 『朝鮮總督府官報』 제4852호, 1943년 4월 7일 자(이학래(2003), 『한국체육사연구』, 국학자료원 p.421에서 재인용).

칙18)을 연달아 발포함으로써 결전태세를 더욱 공고히 하게 하였다. 게다가 중학교 이상의 학교에는 배속장교를 파견시켜 학생들에게 군사훈련을 지휘하게 하였으며, 마침내 모든 학생들에게 학교 수업을 1년간 정지시키고 학도대에 편입시키는 등 전쟁 막바지에 학생 동원을 위한 각종 조치를 시행하였다. 배움터인 학교는 더 이상 교육기관이 아닌 전쟁 수행을 위한 훈련장으로 전락하기에 이르러, 식민지 교육은 사실상 교육적 기능을 완전히 상실하기에 이른다.

2) 교과목과 수업 시수

일제는 1941년 조선인의 황국신민화를 보다 강화하기 위한 목적으로 공포된 〈국민학교령〉에 따라 초등학교의 명칭을 '소학교'에서 '국민학교'로 개칭하였다. 그리고 수업연한 6년의 초등과와 2년의 고등과를 두게 하고, 지역의 정황에 따라 이 중 하나만을 설치할 수 있도록 하였다.

이 시기의 교과목은 〈국민학교령〉에 따른 合科的 성격의 「國民科」, 「理數科」, 「體鍊科」, 「藝能科」, 「職業科」라는 5개의 교과로 통합되었다. 즉 「國民科」는 '수신', '국어(일본어)', '국사(일본사)', '지리'를 포함하며, 「理數科」는 '산수'와 '이과'를, 「體鍊科」는 '무도'와 '체조'를, 「藝能科」는 '음악', '습자', '미술(도화, 공작)' 및 '가사'와 '재봉'을, 「職業科」는 '농업', '공업', '상업', '수산'을 포함하는 식으로 교과 개편이 이루어진 것이다.

〈국민학교규정〉에 제시된 국민학교 교과목 및 교수 시수는 다음과 같다.

---

18) 〈학도전시동원체제확립요강〉(1943. 6.), 〈해군특별지원병령〉(1943. 7.), 〈교육에 관한 전시비상조치방책〉(1943. 10.), 〈학도군사교육요강 및 학도동원 비상조치요강〉(1944. 3.), 〈학도동원체제정비에 관한 훈령〉(1944. 4), 〈학도동원본부규정〉(1944. 4.), 〈학도근로령〉(1944. 8.), 〈학도근로령시행규칙〉(1944. 10.), 〈긴급학도근로동원방책요강〉(1945. 1.), 〈학도군사교육강화요강〉(1945. 2.), 〈결전비상조치요강에 근거한 학도동원실시요강〉(1945. 3), 〈결전교육조치요강〉(1945. 3.) 등

〈표 4〉〈국민학교령〉에 의한 국민학교 교과목 및 주당 교수 시수

학제		6년제 국민학교						비고
과목 \ 학년		1	2	3	4	5	6	
國民科	수신	11	12	2	2	2	2	
	국어(일본어)			9	8	7	7	
	국사				1	2	2	
	지리					2	2	
理數科	산수	5	5	5	5	5	5	
	이과		1	2	2	2	2	
體練科	무도	5	6	5	5	5(남) 4(여)	5(남) 4(여)	
	체조							
藝能科	음악	5	6	2	2	2	2	
	습자			1	1	1	1	
	도화, 공작	2	2	2	3(남) 2(여)	3(남) 2(여)	3(남) 2(여)	
	가사, 재봉(여)				3	4	4	
職業科	농업, 공업, 상업, 수산				3(남) 1(여)	3(남) 1(여)	3(남) 1(여)	
계		25	27	32	34	34	34	

〈국민학교령〉에 의한 국민학교 교육과정에서 가장 주목되는 점은 수의과목(선택과목)으로나마 존재하던 '조선어'과목이 전면 폐지된 반면, 직업과의 비중이 크게 증가했다는 점이다. 또한 체력단련과 교련을 통합하는 취지의 체련과에 '무도'가 새로이 도입되면서 체육훈련의 비중도 커졌다. 국민학교에서 음악과의 시수가 배가된 것도 주목되는 부분으로, 이는 전시기 군사교육의 도입에 따른 방책의 하나로 볼 수 있다.

〈표 4〉에서 알 수 있듯이 國語과목은 修身, 國史, 地理와 함께 「國民科」에 해당되며, 내용면에 있어서 國語, 國史, 地理의 合本的 텍스트의 성격을

띠고 있다. 시수 또한 「國民科」의 4분의 3을 차지하고 있어 그 중요성이 부각되는 교과서 『初等國語』의 내용 역시 「修身」 교과서와 같이 품성의 도야, 국민성 함양을 목표로 하고 있다.

3) 일제강점기 초등교원의 양성

조선총독부는 1911년 〈제1차 조선교육령〉을 발포하면서 일관된 교원 양성 기관인 관립한성사범학교를 폐지하고 다양한 교원양성과정을 두었다. 그 일환으로 먼저 남녀 중등학교에 단기 교원양성과정을 부설하여 초등교원을 양성하도록 하였는데, 여기에 보통학교의 조선인 교원 양성을 위한 '사범과'와 '교원속성과'가 있었으며, 보조교원 양성을 위한 임시교원 양성소와 임시교원양성 강습회를 두었다. 그러나 이 과정만으로는 급증하는 초등교원의 수요를 충족시킬 수가 없어 조선총독부는 관립중등학교에 1~3년 과정의 '임시교원양성소'를 두었으며, 심지어 1920년부터는 6개월 또는 1년 과정의 '임시교원양성강습회'를 두어 단기간에 교원을 양성하도록 하였다.

1922년 개정된 〈제2차 조선교육령〉은 이러한 다양한 교원양성과정을 정리하고, 주로 관립사범학교와 공립사범학교를 통하여 교원 양성 교육을 실시하도록 하였다. 그럼에도 부족한 초등교원 양산을 위하여 관립중등학교에 부설했던 사범과를 1925년까지 존속시켰으며, 1930년대에 이르러서야 교원양성과정은 관립사범학교로 통일되게 되었다. 이러한 규정에 따라 관립사범학교로 경성사범학교 외에도 1929년 평양사범학교와 대구사범학교가 신설되었다. 이후 1935년에는 경성여자사범학교에 이어 1936년에 전주사범학교, 1937년에 함흥사범학교가 순차적으로 설치되어 비로소 일관된 교원양성과정을 통한 초등교원 양성이 가능하게 되었다.

〈제3차 조선교육령〉 시기에 이르러 관립사범학교의 설립은 더욱 활발해

지게 된다. 1938년에 광주사범학교와 공주여자사범학교를 시작으로 1939
년 춘천사범학교, 1940년 전주사범학교, 1941년 청주사범학교, 1942년에는
신의주사범학교, 1943년 대전사범학교, 해주사범학교, 청진사범학교, 1944
년 원산여자사범학교가 새로 신설되어 교사를 배출하였다.

조선총독부는 1943년 4월 개정된 〈제4차 조선교육령〉을 통하여 일본 내
에 이미 공포된 바 있는 사범학교를 관립전문학교 정도로 승격시킨다는
취지의 〈사범학교령〉을 조선에도 적용시키게 된다. 이로써 경성사범학교
와 경성여자사범학교의 교육시설이 확충되고 본과가 설치되었으며, 이후
1944년에는 대구사범학교, 평양사범학교에도 본과가 설치됨으로써 모두
전문학교로 승격되기에 이른다.

그러나 이같은 일관된 교원 양성 구조는 태평양전쟁 수행을 위한 인력동
원으로 인하여 와해되기에 이른다. 이에 조선총독부는 남자사범학교에 1
년간의 단기교육으로 초등교원을 양성하는 '특설강습과'를 설치하였다. '특
설강습과'라 함은 입학자격이 고등소학교 졸업 정도의 학력을 가진 14세
정도의 연령을 가진 자이거나 전쟁에 참여할 수 없는 징병 미달자를 수용
하여 교사로 양성하는 과정을 말하는데, 이는 태평양전쟁의 발발로 교사
수급이 여의치 못하게 된 까닭이다. '특설강습과'는 1942년 광주사범을 제
외한 9개 사범학교에 설치되어 교원을 양성하였다. 조선총독부의 이러한
교원양성 정책은 질적인 면은 전혀 고려하지 않은, 숫자 채우기에 급급한
졸속적인 교육 행정이었다 할 수 있겠다.

4. 第五期『ヨミカタ』와『初等國語』의 표기 및 배열

일본에서 1941년 3월 '국민의 기초적 연성'이라는 명목 아래 심상소학교와 고등소학교를 합하여 '國民學校'로 명칭을 바꾸고, 지금까지의 6년의 의무교육을 2년 연장하여 8년간 실시하는 〈국민학교령〉을 공포함에 따라, 조선에서도 1941년 3월 발포한 〈국민학교령〉에 따라 교과목을 국민과, 이수과, 체련과, 예능과, 직업과로 통합하였다. 이와 같은 일본의 변화에 따라 조선에서도 학교 명칭이 소학교에서 '國民學校'로 바뀌지면서 전시동원체제로 전환되었으나 교과서를 개편하기에는 시간적으로 여의치 않았고 일본에서의 교과서 개편 상황을 고려하여 다음해인 1942년부터 조선총독부에서 새로운 第五期 교과서를 발간한다. 1942년 1~2학년 과정인『ヨミカタ』(4冊)를 발간한다. 뒤이어 〈제4차 조선교육령〉(1943. 4. 1)에 의거하여, 그 편성은 1941년부터 1943년에 걸쳐 일본 문부성에서 발간한『ヨミカタ』(4冊)와『初等科國語』(8冊)을 취하여, 1943년부터 1944년에 걸쳐 3~6학년 과정에서 습득할『初等國語』8冊을 발간 공급하였다. 이에 대한 출판사항은 〈표 5〉와 같다.

〈표 5〉〈국민학교령〉〈제4차 조선교육령〉 시기에 교육된 日本語敎科書의 출판사항

朝鮮總督府 編纂　第五期　『初等國語』							
교과서명	출판년도	사이즈		課	頁	정가	학년 학기
		縱	橫				
ヨミカターネン上	1942	22	15	구분없음	?	24錢	1학년 1학기
ヨミカターネン下	1942	22	15	25	108	23錢	1학년 2학기
ヨミカタ二ネン上	1942	22	15	25	?	25錢	2학년 1학기
よみかた二ねん下	1942	22	15	25	112	23錢	2학년 2학기
第三學年 上	1943	22	15	24	147	25錢	3학년 1학기
第三學年 下	1943	22	15	24	141	24錢	3학년 2학기

第四學年 上	1943	22	15	23	128	23錢	4학년 1학기
第四學年 下	1943	22	15	24	142	25錢	4학년 2학기
第五學年 上	1944	22	15	20	135	24錢	5학년 1학기
第五學年 下	1944	22	15	21	167	30錢	5학년 2학기
第六學年 上	1944	22	15	20	129	23錢	6학년 1학기
第六學年 下	1944	22	15	22	145	28錢	6학년 2학기

〈표 5〉에서 알 수 있듯이 〈국민학교령〉 시기에 편찬된 '國語(일본어)'교과서는 1학년부터 2학년까지는 일본에서 편찬된 『ヨミカタ一』, 『ヨミカタ二』, 『よみかた三』, 『よみかた四』를 모방하여 조선총독부에서는 1943년 『ヨミカタ一年上』, 『ヨミカタ一年下』, 『ヨミカタ二年上』, 『よみかた二年下』로 발간하였으며, 3학년부터 6학년까지는 일본에서 『初等科國語(一)』~『初等科國語(八)』을 조선총독부에서는 『初等國語三學年上』~『初等國語六學年下』로 명칭을 바꿔 출판하였기 때문에, 전체의 약 64%(155단원)가 일본의 교과서와 동일단원과 내용으로 채워져 같은 맥락을 취하는 가운데, 그중 36%는 식민지 조선아동에게 특별히 주지시켜야 할 내용으로 채워져 있다.

第五期의 『ヨミカタ』와 『初等國語』는 第四期에 비해 내용 분량이 줄어들었고 종이의 질도 훨씬 뒤떨어지며, 1, 2학년용의 삽화도 칼라보다는 흑백의 비중이 많아졌다는 점에서 태평양전쟁 시기 물자보급이 원활하지 못했음을 실감케 한다. 특히 주목되는 부분은 전쟁 장면은 삽화보다는 전쟁의 생생한 장면이 담긴 사진을 수록함으로써, 전쟁의 실감을 느끼게 하고 있다.

第五期 『ヨミカタ』와 『初等國語』는 그 내용면에서 第二, 三期, 四期에 비해 더욱 강화된 면을 엿볼 수 있다. '國語'교과서의 특성상 당연히 지배국의 언어교육에 중점을 두어 국체의 이식을 꾀하였는데, 먼저 삽화를 보면

등장인물 거의가 일본인 차림새를 하고 있으며, 시대를 반영하듯 전쟁관련 삽화나 사진이 상당수를 차지한다. 아동의 머리도 남자일 경우 군인처럼 짧게 깎은 모양으로, 여자인 경우는 모두 단발머리를 하고 있어 전투적인 자세를 엿볼 수 있다.

조선인의 황민화를 위한 가장 기본적인 실천요목인 神宮이나 神社의 참배, '일장기', '후지산', '기미가요'와 같은 내용이 빠지지 않는다. 황국신민화 교육의 일환으로 학교에서 공식화된 매우 중요한 일과 중의 하나인 神宮·神社참배는 조선에만 한정된 것이 아니었다. 점령지 곳곳에 맨 먼저 神社를 건립하여, 일본의 신들을 모시게 해 왔는데, 이 시기의 교과서는 이를 다각적으로 홍보하는 한편, 참배의 실천을 강요함으로써 이념교육에 치중하고 있었음을 알 수 있다.

第五期 『ヨミカタ』와 『初等國語』의 특징으로는 '書簡文'이 상당수 수록되어 있는 것을 들 수 있다. 이 시기의 서간문은 가족이나 친지간에 주고받는 것으로, 전쟁관련 내용이 압도적이다. 전쟁의 당위성을 설득하거나 전투에 두입된 병사의 투지와 각오를 서사하여 침략전쟁의 긍정적인 면을 부각시키는 등 서간의 특성을 이용하여 그 효과를 극대화하고 있다. 또한 남양군도, 싱가포르, 말레이시아 등 전지(戰地)에 파견된 보도반원이 불특정 다수의 초등학교 아동에게 발신하는 통신도 주목되는데, 일본이 남태평양 여러 나라들을 점령해 가는 과정을 리얼하게 전달함으로써 군인을 향한 꿈을 심어주고 있다.

第五期 〈일본어교과서〉의 가격은 23錢~30錢으로, IV기 『初等國語讀本』 1~4학년용(12~18錢)에 비해 훨씬 비싼 가격이 매겨져 있는데, 이는 태평양전쟁으로 치달으면서 극심한 경제난과 용지부족에 원인이 있었음을 말해 준다.

5. 보통학교 교과서와 교육상의 지침

1914년 조선총독부가 제시한 보통학교 교과서 편찬 일반방침은 앞서 제정, 선포되었던 「敎授上의 注意 幷 字句訂正表」의 지침을 반영함과 동시에 기본적으로 〈조선교육령〉과 〈보통학교규칙〉에 근거를 둔 것이었다. 이에 따라 교과서 기술에 있어서도 「조선어 및 한문」을 제외하고는 모두 일본어로 기술하여,[19] 언어를 일본어로 통합하였고, 1911년 8월에 조선총독부가 편찬한 『국어교수법』이나, 1917년에 주로 논의되었던 교육상의 교수지침에서도 '풍속교화를 통한 충량한 제국신민의 자질과 품성을 갖추게 하는 것임'을 명시하여 초등 교육을 통하여 충량한 신민으로 교화해 나가려 하였다.

통감부 시기부터 공교육 과정에서 실시된 일본어는 당시 주당 6시간이라는 수업 시수를 배정받아 강점 이전부터 '조선어'와 동등한 주요 교과목의 위치를 차지하였다. 그러던 것이 합병 직후 주당 수업 시수가 10시간이 배정되어 조선어(한문포함 5~6시간) 대비 현격한 차이를 보인다. 〈제2차 조선교육령〉 시기에는 일본어 과목의 시수가 주당 12시간까지 늘어나게 되고 조선어는 3~4시간으로 줄어들게 된다. 〈제3차 조선교육령〉 시기는 '일본어 상용'이라는 교육정책에 따라 일본어에 비해 조선어는 수의(선택) 과목으로 전락하게 된다.

1941년 〈국민학교령〉에 의하여 마침내 조선어는 폐지되고 수신(국민도덕 포함)과목의 시수가 급증하는 양상을 보이게 되는데, 이는 일본이 창씨개명과 태평양전쟁으로 징병제도가 실시되면서 민족말살정책이 점차 심화되어 가는 과정으로 이해될 수 있다.

---

[19] 일본어가 보급되기까지 사립학교 생도용으로 수신서, 농업서 등에 한하여 별도로 朝鮮譯書로 함.

각 시기에 따른 '일본어'과목의 주당 수업 시수를 '조선어'과목과 대비하여 〈표 6〉으로 정리하였다.

〈표 6〉조선에서의 수신 · 조선어 · 한문 · 일본어의 주당 수업 시수

학년	통감부(1907)				제1기(1911)			제2기(1922)			제3기(1929)			제4기(1938)			제5기(1941)
	수신	조선어	한문	일어	수신	국어(일어)	조선어 및 한문	수신	국어(일어)	조선어	수신	국어(일어)	조선어	수신	국어(일어)	조선어	국민과(수신/국어)
제1학년	1	6	4	6	1	10	6	1	10	4	1	10	5	2	10	4	11
제2학년	1	6	4	6	1	10	6	1	12	5	1	12	5	2	12	3	12
제3학년	1	6	4	6	1	10	5	1	12	3	1	12	3	2	12	3	2 / 9
제4학년	1	6	4	6	1	10	5	1	12	3	1	12	3	2	12	2	2 / 8
제5학년								1	9	3	1	9	2	2	9	2	2 / 7
제6학년								1	9	3	1	9	2	2	9	2	2 / 7
합계	4	24	16	24	4	40	22	6	64	20	6	64	20	12	64	16	62

* 제1기(보통학교시행규칙, 1911. 10. 20), 제2기(보통학교시행규정, 1922. 2. 15), 제3기(보통학교시행규정, 1929. 6. 20), 제4기(소학교시행규정, 1938. 3. 15), 제5기(국민학교시행규정, 1941. 3. 31)

朝鮮統監府 및 朝鮮總督府의 관리아래 편찬 발행하여 조선인에게 교육했던 일본어 교과서를 '統監府期'와 '日帝强占期'로 대별하고, 다시 日帝强占期를 '一期에서 五期'로 분류하여 '教科書名, 編纂年度, 卷數, 初等學校名, 編纂處' 등을 〈표 7〉로 정리하였다.

〈표 7〉 朝鮮統監府, 日帝強占期 朝鮮에서 사용한 日本語敎科書

區分	期數別 日本語敎科書 名稱			編纂年度 및 卷數	初等學校名	編纂處
統監府期	普通學校學徒用 日語讀本			1907~1908 全8卷	普通學校	大韓帝國 學部
日帝強占期	訂正 普通學校學徒用國語讀本			1911. 3. 15 全8卷	普通學校	朝鮮總督府
	一期	普通學校國語讀本		1912~1915 全8卷	普通學校	朝鮮總督府
		改正普通學校國語讀本		1918 全8卷		
	二期	普通學校國語讀本		1923~1924 全12卷	普通學校	(1~8)朝鮮總督府 (9~12)日本文部省
	三期	普通學校國語讀本		1930~1935 全12卷	普通學校	朝鮮總督府
		改正普通學校國語讀本		1937 全12卷		
	四期	初等國語讀本 小學國語讀本		1939~1941 全12卷	小學校	(1~6)朝鮮總督府 (7~12)日本文部省
	五期	ヨミカタ	1~2학년 4권	1942 1~4卷	國民學校	朝鮮總督府
		初等國語	3~6학년 8권	1942~1944 5~12卷		

第一, 二期, 三期『普通學校國語讀本』, 第四期『初等國語讀本』, 第五期 『ヨミカタ』,『初等國語』은 〈국민학교령〉에 근거하여 편찬된 초등학교용 교과서로, 급박한 전시체제에 대응하고 아동을 미래의 전쟁수행을 위한 少 國民에서 전쟁에 참여하여 실천하는 천황에게 충성하는 '충량한 황국신민 의 육성'이라는 일제의 정치적 목적이 반영된 교과서라 하겠다.

이 시기 일제는 장기화되어 가는 전쟁 상황에 따른 부족한 노동력 및 전쟁에 필요한 소모형 인력양성을 위하여 특히 초등 교육에 주력하였던 것이다.

2015년 6월
전남대학교 일어일문학과 김순전

≪朝鮮總督府 編纂 第Ⅴ期 普通學校國語讀本 編著 凡例≫

1. 『ヨミカタ』一ネン上・下는 1학년 1학기, 1학년 2학기, 『ヨミカタ』二ネン上은 2학년 1학기,『よみかた』二ね ん 下는 2학년 2학기,『初等國語』三年 上・下는 3학년 1학기, 3학년 2학기…『初等國語』六年 上・下는 6학년 1학기, 6학년 2학기로 한다.

2. 원본의 세로 쓰기를 편의상 좌로 90도 회전하여 가로 쓰 기로 한다.

3. 방점(傍點)은 〈짙은색〉으로 표기한다.

4. 반복첨자 기호는 가로 쓰기이므로 반복표기로 한다.

5. 한자의 독음은 (   )안에 가나로 표기한다.

6. 대화문과 지문 스타일은 각 기수마다 다르므로 각 기수의 원문대로 표기한다.

7. 『ヨミカタ』一ネン 上은 원본 파손으로 인해 16페이지 까지 수록되어 있으며,『ヨミカタ』二ネン 上은 교사용 교과서와 문부성『よみかた』二ねん 上을 참고하여 복 원하였다.

朝鮮總督府　編纂

『ヨミカタ』

一ネン

上

第1學年　1學期

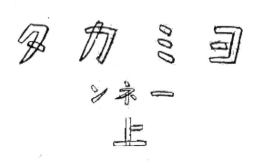

タカミヨ
ンネー
上

フクトウソンセウテ

『ヨミカタ』 ―ネン 上

モクロク(目次 無)

이하 원문 누락

昭和十七年三月十五日翻刻印刷
昭和十七年三月二十日翻刻發行

ヨミカタ一年上

定價金二十四錢

著作權所有

著作者兼
發行者　朝鮮總督府

翻刻發行
兼印刷者

京城府大島町三十八番地
朝鮮書籍印刷株式會社
代表者　野世溪閑了

發　行　所

京城府大島町三十八番地
朝鮮書籍印刷株式會社

朝鮮總督府 編纂

『ヨミカタ』

一ネン

下

第1學年 2學期

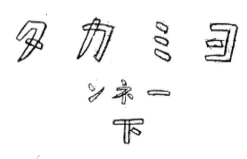

タカミヨ

シネー

下

フクトウソンセウテ

『ヨミカタ』ーネン 下 モクロク

【一】 ウンドウクヮイ

キノフハ　ウンドウクヮイ　デシタ。

カケッコノ　　トキ、ムネガ　　ドキドキシマシ
タ。

トチュウデ　コロンダガ、スグ　オキテ　走リマ
シタ。

オヒルカラノ　　ダルマオトシニハ、ワタクシタ
チノ　アカグミガ　カチマシタ。

先生ガタノ　大ダマオクリノ　トキハ　ミンナ
手ヲ　ウッテ　ヨロコビマシタ。

バンゴハンノ　トキ、オカアサンガ、
「イサムチャン、ケフハゲンキデ　走リマシタ
ネ。」ト、ホメテ　クダサイマシタ。

【二】ウサギト　カメ

ウサギ 「カメサン、コンニチハ。」

カ　メ 「ウサギサン、コンニチハ。」

ウサギ 「ナニカ、オモシロイ　コトハ　ナイカ
　　　　ナ。」

カ　メ 「サウ　ダネ。」

ウサギ 「カケッコヲ　シヨウカ。」

カ　メ 「ソレハ　オモシロイ。」

ウサギ 「デモ、ボクノ　カチニ　キマッテ　ヰル
　　　　ナ。」

カ　メ 「ソンナ　コトハ　ナイヨ。」

ウサギ 「デハ、ヤラウ。ケッショウテンハ、ア
　　　　ノ　山ノ　上　ダヨ。」

カ　メ 「山ノ　上。イイトモ。」

ウサギ 「ヨウイ、ドン。」

ウサギ 「オソイ カメサン　ダナ。アンナニ オ
　　　　クレテ シマッタ。
　　　　コノ ヘンデ、ヒル ネヲ　シヨウ。
　　　　グウ グウ グウ。」
カ　メ 「オヤ オヤ、ウサギサン、ヒルネヲ シ
　　　　テ ヰルゾ。
　　　　イマノウチニ オヒコサウ。急ゲ、急
　　　　ゲ。」
ウサギ 「アア、イイ キモチ ダッタ。マダ、カ
　　　　メ サンハ ココマデ 來ナイダラウ。
　　　　ドレ、
　　　　出カケヨウカナ。
　　　　オヤ、山ノ 上ニ　ダレカ ヰルゾ。」
カ　メ 「バンザイ。」
ウサギ 「ヤア、カメサン ダ。シマッタ、シマッ
　　　　タ。」

[三] 山ノ 上

山ノ 上カラハ 村モ、タンボモ ヒトメニ 見エマス。フモトノ イヘニ、タウガラシガ ホシテ アリマス。マッカナ 色ガ、タイソウ キレイデス。

學校ノ ウンドウバニハ、コドモガ、大ゼイ アソンデ ヰマス。門ノ マヘノ ポプラハ、ヘイタイサンガ ナランダヤウニ 見エマス。

タンボハ、一メンニ キイロクナッテ、モウ、イネカリガ ハジマッテ ヰマス。「ホウ ホウ。」ト、スズメヲ オフ コエガ キコエマス。

タンボノ　向カフヲ、キシャガ　走ッテ　ヰマス。ナガイ、ナガイ　キシャ　デス。

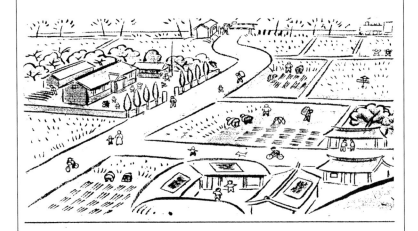

【四】イネカリ

今日ハ、ウチノ
イネカリ デス。
學校ガ スムト、
スグ タンボヘ 行
キマシタ。

　「タダ今。」
ト、大キナ コヱ
デ イフト、イネ
ヲ カッテ イラッシャッタ オトウサント、オ
カアサンガ コチラヲ 向イテ、

　「モウ 學校ガ スンダノ。ハヤカッタネ。」
ト オッシャイマシタ。

ワタクシハ、カバンヲ オロシテ、アゼノ 上
ニ オキマシタ。

空ハ 靑ク ハレテ、アカトンボガ、スイスイ
ト トンデ ヰマス。

サクサクト、イネヲ カル 音ガ キコエマス。

ワタクシモ、オテツダヒヲ　シヨウト　オモッ
テ、オトウサンノ　方へ　行キマシタ。カッタ
アトニ、イネガ　タクサン　ナラベテ　アリマ
ス。

オカアサンガ　カルノヲ　オヤメニ　ナッテ　イ
ネヲ　ミチバタヘ　ハコビハジメマシタ。ワタ
クシモ、少シヅツ　モッテ　ハコビマシタ。ア
ルク　タビニ、長イ　ホ　ガ、ユサユサト　ユレ
マス。

　「オカアサン、ナカナカ　オモイ　デスネ。」
ト　イフト、

　「コトシハ　オ天氣ガ　ヨクテ、ヨク　ミノッ
　　タカラネ。」
ト　オッシャイマシタ。

[五] オチバ

キヌコサント　ヲリガミ
ヲ　シテ　ヰルト、机ノ
上ニ、赤イ　サクラノ　ハ
ガ　チッテ　來マシタ。
オ庭ヲ　　見ルト、サクラ
ノ　ハ　ガ　マッカニ
ナッテ　ヰマス。ワタク
シト　キヌコサンハ、外ニ　出マシタ。
キイロイ　ハ　ヤ、マッカナ　ハ　ガ、タクサン
オチテ　ヰマス。
歩クト、カサカサ　音ガ　シマス。
キヌコサンガ、モミヂノ　ハ　ヲ　ヒロッテ、
　「アカチャンノ　オテテ　ミタイ　ダネ。」
ト　イヒマシタ。
私ハ、キイロイ　ハ　ヲ　一マイ　ヒロヒマシ
タ。日ニ　スカスト、ハ　ノ　スヂガ、キレイ
ニ　見エマシタ。

ソレカラ、私タチハ、
手ニ イッパイ オチバ
ヲ ヒロヒマシタ。
オヘヤニ カヘッテ、紙
ノ 上ニ ナラベテ ア
ソビマシタ。
オカアサンガ ゴランニ
ナッテ、
「キレイナ モヤウガ デキマスネ。」
ト オッシャイマシタ。

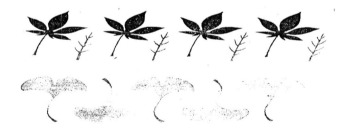

【六】オキャクアソビ

ユミコサント　キヌコサンガ、エンガハデ、オキャクアソビヲ　シテ　ヰマス。

キヌコサンガ、オキャクニ　ナッテ　來マシタ。

キヌコ「ゴメンクダサイ。」

ユミコ「イラッシャイマセ。ドウゾ、オアガリクダサイ。」

ユミコサンハ　キヌコサンヲ　オザシキニ　トホシマシタ。アタタカイ　日ガ、ポカポカト　サシテ　ヰマス。

ユミコサンハ、オチバノ　サラニ、キクノ　花ビラヲ　ノセテ　出シマシタ。

ユミコ「ドウゾ、オアガリクダサイ。」

キヌコ「アリガタウゴザイマス。」

キヌコサンハ、オサラヲ　モッテ、タベル　マ
ネヲ　シマシタ。

キヌコ「タイソウ　オイシイ　オクヮシ　デス
　　　ネ。」

ユミコ「ドウゾ、タクサン　オアガリクダサイ。」

ユミコサント　キヌコサンガ、タノシサウニ　ア
ソンデ　ヰマス。

[七] ラジオノ　コトバ

日本ノ　ラジオハ、
日本ノ　コトバヲ　ハナ
シマス。

正シイ　コトバガ、
キレイナ　コトバガ、
日本中ニ　キコエマス。

マンシウニモ　トドキマ
ス。
シナニモ　トドキマス。
セカイ中ニ　ヒビキマ
ス。

【八】西ハ　タヤケ

勇サンハ、マンシウノ　ヲヂサンカラ、本ヲ　オ
クッテ　イタダキマシタ。マンシウノ　子ドモタ
チノ　ヨム　本　デシタ。

一バン　ハジメニ、マンシウノ　空ノ　ウツクシ
イ　コトガ、カイテ　アリマシタ。ソレカラ、
ヒロイ、ヒロイ　ノハラニ、カウ　リャント　イッ
テ、日本ノ　キビニ　ニタ　モノガ　デキル　コ
トガ、カイテ　アリマシタ。

ヨンデ　イク　ウチニ、次ノヤウナ　ウタガ　ア
リマシタ。

　　西ハ　夕ヤケ　赤イ　クモ、
　　東ハ　マルイ　オ月サマ。
　　カウリャン　カッテ　ヒロイナア、
　　ドッチヲ　見テモ　ヒロイナア。
ヒロビロト　シタ　マンシウヘ、勇サンハ　イッ
テ　見タク　ナリマシタ。
勇サンハ　外ヘ　出テ、ムネヲ　ハリナガラ、イ
キヲ　イッパイ　スヒコミマシタ。サウシテ、
大キナ　コヱデ　ウタヒマシタ。
　　西ハ　夕ヤケ　赤イ　クモ、
　　東ハ　マルイ　オ月サマ。
　　カウリャン　カッテ　ヒロイナア、
　　ドッチヲ　見テモ　ヒロイナア。

【九】ガン

　　ガン　ガン　ワタレ。
　　　大キナ　ガンハ
　　　　　サキニ、
　　　小サナ　ガンハ
　　　　　アトニ、
　　　ナカヨク　ワタレ。

コドモガ　大ゼイデ、ウタッテ　ヰマス。

タカイ　空ヲ、がンガ　カギニ　ナッテ、トンデ
イキマス。

風ガ　出テ　來マシタ。キビノ　ハ　ガ、カサカ
サト　音ヲ　タテテ　ヰマス。

[十] シリトリ

ヨシエ「ミンナデ、シリトリ
　　　ヲ　シテ　遊ビマセ
　　　ウ。勇サンカラ　ハ
　　　ジメテ　クダサイ。」

勇　　「デハ　イヒマスヨ。ヒカウキ。」

ユミコ「キヌタ。」

ヒロシ「タマゴ。」

キヌコ「ゴマ。」

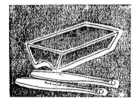

マサヲ「マツカサ。」

ハナコ「サジ。」

一　郎「ジテンシャ。」

ヨシエ「シャ　デスネ。」

一　郎「サウ　デス。ジテンシャデスカラ。」

ヨシエ「シャツ。」

勇　　「ツバメ。

ユミコ「メンドリ。」

ヒロシ「リンゴ。」

キヌコ「マタ　ゴ　デスネ。ゴムグツ。」

マサヲ「ツルハシ。」

ハナコ「シンブン。」

一　郎「ン　デスカ。ン　ハ　コマルナ。」

ヨシエ「早ク、早ク。」

勇　　「早ク、早ク。早ク ツヅケナイト、一郎

　　　サンノ マケ　デスヨ。」

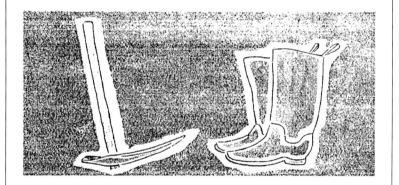

[十一] シモノ アサ

ヒロシサント イッショニ、ウチヲ 出マシタ。

ミチモ ヤネモ、シモデ マッ白 デス。

ユミコサンノ イヘノ マヘデ ミンナガ ナラ
ンデ ヰマシタ。

私タチガ 行クト、マサヲサンガ、

　「コレデ ソロッタネ。サア 出カケヨウ。」

ト イッテ、セントウニ タッテ アルキ出シマ
シタ。

風ハ ナイガ、ナカナカ ツメタイ。タンボニ
ハ、一メンニ コホリガ ハッテ ヰマス。

マモナク、朝日川ノ　ドテニ　來マシタ。橋ノ
上ハ、マルデ　ユキガ　フッタヤウ　デス。
白イ　シモノ　上ニ、クツノ　アトガ、イクツ
モ、イクツモ　ツイテ　ヰマス。ソレヲ　見テ
マサヲサンガ、
　「オソイカモ　シレナイ。サア、カケアシ　ダ。」
ト　イッテ　ハシリ出シマシタ。ミンナモ、ツヅ
イテ　走リマシタ。向カフノ　ドテノ　上ヲ、セ
イトガ　十四五人、　レツヲ　ツクッテ　走ッテ
ヰマス。トナリ村ノ　タケチャンタチ　デセウ。

ヤガテ、學校ノ 大キナ ケヤキガ 見エテ 來
マシタ。マサヲサンガ、
　「モウ 一イキ ダ。サア、元氣ヲ 出シテ。」
ト イヒマシタ。私タチハ、「一二、一二。」
ト カケゴヱヲ カケナガラ、元氣ヨク 走リマ
シタ。

[十二] 兵タイゴッコ

勇サンハ、オモチャノ テッ
パウヲ 持ッテ、
　「ボクハ ホ兵 ダヨ。」
ト イヒマシタ。
正男サンハ、竹馬ニ ノッ
テ、
　「ボクハ キ兵 ダヨ。」
ト イヒマシタ。

太郎サンハ、竹ノ ツツヲ
持ッテ、
　「ボクハ ハウ兵 ダヨ。」
ト イヒマシタ。
太郎サンノ 弟ノ 次郎サンハ、
小サイ シャベルヲ 持ッテ、
　「ボクハ 工兵 ダヨ。」
ト イヒマシタ。

勇サンノ　弟ノ　正次サン
ハ、三リンシャニ　ノッテ、
　「ボクハ　センシャ兵
　　ダヨ。」
ト　イヒマシタ。
ユリ子サンノ　弟ノ　秋男
サンハ、ヲリ紙ノ　グライ
ダーヲ　持ッテ、
　「ボクハ　カウクウ兵
　　ダヨ。」
ト　イヒマシタ。
花子サンノ　弟ノ　一郎サン
ハ、オモチャノ　ジドウシャ
ヲ　持ッテ、
　「ボクハ　シチョウ兵
　　ダヨ。」
ト　イヒマシタ。

花子サント　ユリ子サンハ、
　「私タチハ　カンゴフ
　　ニ ナリマセウ。」
ト　イヒマシタ。

　　カタカタ　カタカタ、
　　パンポン　パンポン、
　　　兵タイゴッコ。

　　カタカタ　カタカタ、
　　パンポン　パンポン、
　　　ボクラハ　ツヨイ。

　　カタカタ　カタカタ、
　　パンポン　パンポン、
　　　ススメヨ　ススメ。

【十三】コモリウタ

ネンネン　コロリヨ、
　　オコロリヨ。
バウヤハ　ヨイ　子　ダ、
　　ネンネシナ。

バウヤノ　オモリハ、
　　ドコヘ　行ッタ、
アノ　山　コエテ、
　　里ヘ　行ッタ。

里ノ　ミヤゲニ、
　　ナニ　モラッタ。
デンデンダイコニ、
　　シャウノ　フエ。

[十四] コブトリ

一

右ノ　ホホニ、大キナ　コブノ　アル　オヂイサ
ンガ　ヰマシタ。

アル日、山デ　木ヲ　キッテ　ヰルト、アメガ、
ザアザア　フッテ　來マシタ。オヂイサンハ、
木ノ　アナニ　ハイッテ、アメノ　ヤムノヲ
マッテ　ヰマシタ。

オヂイサンハ、イツノマニカ、ネムッテ　シマ
ヒマシタ。目ガ　サメ
タ　時ハ、モウ　ヨル
デ、雨ハ、スッカリ
ヤンデ　ヰマシタ。
見ルト、オヂイサン
ノ　ハイッテ　ヰル
木ノ　マヘニ、タクサ
ンノ　オニガ、アツマッ
テ　ヰマシタ。

靑イ　オニヤ、赤イ　オニガ、タキビノ　マハリ
デ、ヲドリヲ　ヲドッテ　ヰマシタ。ドノ　オニ
モ、大シャウノ　オニ　ニ　オジギヲ　シテハ、
カハルガハル　タッテ　ヲドッテ　ヰマシタ。

二

オヂイサンハ、大ソウ　ヲドリガ　スキ　デシ
タ。見テ　ヰル　ウチニ、自分モ、ヲドリタク
テ　タマラナク　ナリマシタ。オソロシイ　コト
モ　ワスレテ、木ノ　アナカラ　トビ出シマシ
タ。

オニハ、ビックリシマシタ。

「アレハ　ナンダ。」

「アレハ　ナンダ。」

ト　イヒナガラ、ワイワイ　サワギマシタ。

オヂイサンハ、ソレニハ　カマハズ、ウタヲ

ウタヒナガラ、イッシャウケンメイニ　ヲドリ

マシタ。

オニハ、

「コレハ　オモシロイ。」

「コレハ　オモシロイ。」

ト　イッテ、手ヲ　タタイテ　ホメマシタ。

オニノ　大シャウハ、オヂイサンニ、

「コレカラモ、トキドキ　來テ、ヲドッテ　ク

ダサイ。」

ト　イヒマシタ。

オヂイサンハ、

「ヨロシイ。コノ　ツギニハ、モット　ジャウ

ズニ　ヲドッテ　見セマセウ。」

ト　イヒマシタ。

三

オニノ　大シャウハ、大ソウ　ヨロコビマシタ。
シカシ、オヂイサンガ、ホンタウニ　マタ　來
テ　クレルカ　ドウカ、ワカラナイト　オモヒ
マシタ。ミンナデ　サウダンシテ、
　「コンド　來テ　クダサル　時マデ、オヂイサ
　　ンノ　右ノ　ホホニ　アル　コブヲ、アヅカッ
　　テ　オキマセウ。」
ト　イヒマシタ。
オヂイサンハ、
　「コレハ、大ジナ　コブ　デス。アヅケル　コ
　　トハ　デキマセン。」
ト　イッテ、ヲシサウナ　フウヲ　シマシタ。
オニノ　大シャウハ、「オヂイサンガ　ヲシガル
ノダカラ、ヨホド　大ジナ　モノニ　チガヒナ
イ。」ト　オモヒマシタ。サウシテ、コブヲト
ッテ　シマヒマシタ。

四

ヨ　ガ　アケマシタ。

オニハ、ドコニモ　ヰ
マセン　デシタ。

オヂイサンハ、ユメヲ
ミテ　ヰタノデハ　ナ
イカト　オモヒマシタ。

右ノ　ホホヲ　ナデテ
ミマシタ。

左ノ　ホホヲ　ナデテ　ミマシタ。

右ノ　ホホニモ、コブハ　アリマセン　デシタ。

左ノ　ホホニモ、コブハ　アリマセン　デシタ。

［十五］モチノ マト

ムカシ アル トコロニ、田ヤ ハタケヲ タク
サン モッテ ヰル 人ガ ヰマシタ。
ユミヲ イル コトガ スキデ、トリヤ ケモノ
ヲ イコロシテ、オモシロガッテ ヰマシタ。
アル日、トモダチニ、弓ノ ジマンヲ シテ、
　「オソナヘノ モチヲ マトニ シテ、イテ ミ
　　マセウカ。」
ト イヒマシタ。
友ダチハ、
　「モチハ、タイセツナ オ米デ コシラヘタ
　　モノ デスカラ、イテハ イケマセン。」
ト トメマシタガ、キカナイデ イマシタ。
矢ハ、ウマク アタリマシタ。アタルト、モチ
ハ 白イ トリニ ナッテ、パット トンデ 行
キマシタ。
ソレカラ、コノ 人ノ 田ニハ、オ米ガ 少シモ
デキナクナッタト イヒマス。

［十六］オ正月

オ正月　來イ、山カラ
來イ。
山ノ　ウラジロ　持ッ
テ　來イ。

オ正月　來イ、里カラ
來イ。
オモチ　ツキツキ　ト
ンデ　來イ。

オ正月　來イ、海カラ
來イ。
タカラノ　オ舟ニ　ノッ
テ　來イ。

【十七】カゲヱ

ユウベハ、ミンナデ　カゲヱヲ　シテ　アソビマ
シタ。

オカアサンガ、

「コンヤハ、ヨシエサンカラ　オハジメナサ
イ。」

ト、ネエサンニ　オッシャイマシタ。

「ハイ、デハ、ハジメマスヨ。

サア、犬　デス。

ワンワン。

コンドハ　キツネ。

コンコン。

コレハ　トビ　デス。

クチバシヲ　ゴランクダサイ。」

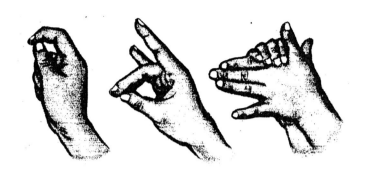

　「ヤア、ウマイウマイ。」

オトウサンガ、大キナコヱデ　オッシャイマシ

タ。

　「コンドハ、私ガ　ヤッテ　ミマセウ。」

ト　イフト、オトウサンガ、

　「ホウ、ナニガ　ウツルカナ。」

ト　オッシャイマシタ。

ミンナハ、カベノ　方ヲ　見マシタ。

　「サア、コレハ　ナン　デスカ。」

私ハ、ゴムマリヲ　手ノ　上ニ　ノセテ　ウツシ

マシタ。

　「ナン　デセウ。」

オカアサント、ネエサンガ　オッシャイマシタ。

　「フウセンカナ。」

オトウサンガ、オッシャイマシタ。

　「チガヒマス。コレハ、オ月サマガ、クモ

　　カラ　出テ　來ル　トコロ　デス。」

私ハ、トクイニ　ナッテ　イヒマシタ。

【十八】 トラト　ホシガキ

オク山ノ　トラガ、
オナカガ　スイタ
ノデ、村ヘ　出テ
來マシタ。
ナニカ、タベモノ
ハ　ナイカト、ア
チラ　コチラ　サ
ガシマハリマシ
タ。

「アアン、アアン。」
コドモノ　泣ク　コエガ　キコエマス。
「オヤ、コドモガ　泣イテ　ヰル。」
トラハ、コエノ　スル　マドノ　下ニ　行キマシ
タ。
「アアン、アアン。」
オカアサンガ、イロイロ　ナダメルガ、コドモ
ハ　泣キヤミマセン。

「ソラ、ヌクテガ　來タヨ。」

ト　オカアサンガ、イヒマシタ。コドモハ、ヤッ

パリ　泣イテ　ヰマス。

「アレ、大キナ　山ネコガ。」

ソレデモ、コドモハ　泣キヤミマセン。

トラハ、

「ナント、ツヨイ　コドモ　ダラウ。ヌクテ

モ、山ネコモ　コハクナイラシイ。」

ト　カンシンシマシタ。

「アアン、アアン。」

「ソラ、大キナ　トラガ、マドノ　外ニ　來タ

ヨ。」

ト　オカアサンガ、イヒマシタ。

トラハ、ビックリシテ、シリモチヲ　ツキマシ
タ。

　「オレガ　ココニ　ヰル　コトガ、ドウシテ　ワ
　　カッタノ　ダラウ。オヤ、コドモハ　マダ　泣
　　イテ　ヰル。ココニ　ヰル　オレガ、オソロ
　　シクナイノ　ダラウカ。」

　「アアン、アアン、アアン。」

コドモハ、マヘヨリモ　大キナ　コエデ　泣出シ
マシタ。

　「ソレ、ホシガキ。」

ト　オカアサンガ、イヒマシタ。コドモハ、ス
グ　泣キヤミマシタ。

　「オヤ、泣キヤンダゾ。ホシガキト　イフノ
　　ハ、ナン　ダラウ。キット、ヌクテヨリ
　　モ、オレヨリモ　ツヨイ　モノニ　チガヒナ
　　イ。ツカマッテハ　大ヘンダ。」

トラハ、オク山ヘ　ニゲテ　行キマシタ。

【十九】日本ノ　シルシ

日本ノ　シルシニ
ハタガ　アル。
　朝日ヲ　ウツシタ
　日ノ丸ノ　ハタ。

日本ノ　シルシニ
山ガ　アル。
　スガタノ　リッパナ
　フジノ　山。

日本ノ　シルシニ
ウタガ　アル。
　アリガタイ　ウタ、
　君ガ代ノ　ウタ。

[二十] ユキダルマ

雪ガ　ドンドン　フッテ　來マス。見テ　ヰル
ウチニ、オ庭ガ　マッ白ニ　ナリマシタ。
ニイサント　二人デ、雪ダルマヲ　ツクリマシタ。
ハジメニ、雪ノ　タマヲ　コシラヘテ、ソレヲ
二人デ　コロガシマシタ。ダンダン　大キク　ナッ
テ、コロガス　コトガ　デキナク　ナリマシタ。
コンドハ、少シ　小サイノヲ　コシラヘテ、大
キイノニ　カサネマシタ。
ソレカラ、炭デ　目ト　ロ
ヲ　ツケマシタ。松ノ　ハ
デ、ヒゲヲ　ツケマシタ。
センメンキヲ　カブセテ、
バウシニ　シマシタ。
弟ガ　見テ、
　「ヤア、ユキダルマガ　テツカブトヲ　カブッ
　　テ　ヰル。」
ト　大キナ　コエデ　イヒマシタ。

［二十一］ネズミノ　ヨメイリ

ネズミノ　赤チャンガ　生マレマシタ。ダンダン　大キク　ナッテ、ヨイ　ムスメニ　ナリマシタ。オトウサンモ　オカアサンモ、大ヨロコビデ、

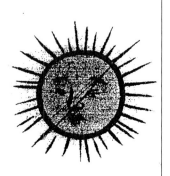

「ホンタウニ　ヨイ　子　ダ。コンナ　ヨイ　子ヲ、ネズミノ　オヨメサンニ　スルノハ　ヲシイ。セカイ中デ、一バン　エライ　人ノ　オヨメサンニ　シタイ。」ト　思ヒマシタ。

オトウサント　オカアサンハ、サウダンシテ、才日サマノ　トコロヘ　オヨメニ　アゲル　コトニ　シマシタ。ネズミノ　オトウサンハ、才日サマノ　トコロヘ　行ッテ、

「私ノ　ウチニ、タイヘン　ヨイ　ムスメガ　アリマス。セカイ中デ、一バン　エライ　人ノトコロヘ、アゲタイト　思ヒマス。一バン

エライ　人ハ　アナタ　デス。　ドウカ、
私ノ　ムスメヲ　モラッテ　クダサイ。」
ト　タノミマシタ。

オ日サマハ、
「アリガタイガ、オコト
ワリシマセウ。セカイ
中ニハ、私ヨリ　モット
エライ　人ガ　ヰマスカ
ラ。」
ト　オッシャイマシタ。
ネズミノ　オトウサンハ、ビックリシテ、
「ソレハ　ダレ　デスカ。」
ト　タヅネマシタ。
オ日サマハ、
「ソレハ　雲サン　デス。イクラ　私ガ　テッテ
ヰテモ、雲サンガ　來ルト、カクサレテ　シ
マヒマス。雲サンニハ　カナヒマセン。」
ト　オッシャイマシタ。
ネズミノ　オトウサンハ、雲ノ　トコロヘ　行ッテ、

「セカイ中デ、一バン　エライ　アナタニ、ム
　スメヲ　アゲタイト　思ヒマス。」
ト　イヒマシタ。

雲モ　コトワリマシタ。

「セカイ中ニハ、私ヨリ　モット　エライ　人
　ガ　ヰマスカラ。」
ト　イヒマシタ。

ネズミノ　オトウサンハ、ビックリシテ、

「ソレハ　ダレ　デスカ。」
ト　タヅネマシタ。雲ハ、

「ソレハ　風サン　デ
　ス。イクラ　私ガ
　空デ　イバッテ　ヰ
　テモ、風サンガ　來
　ルト、吹キトバサレ
　テ　シマヒマス。風
　サンニハ　カナヒマ
　セン。」
ト　イヒマシタ。

ネズミノ　オトウサンハ、風ノ　トコロヘ行ッテ、

　「セカイ中デ、一バン　エライ　アナタニ、ムスメヲ　アゲタイト　思ヒマス。」

ト　イヒマシタ。

風モ　コトワリマシタ。

　「セカイ中ニハ、私ヨリ　モット　エライ　人ガ　ヰマスカラ。」

ト　イヒマシタ。

ネズミノ　オトウサンハ、

　「ソレハ　ダレ　デスカ。」

ト　タヅネマシタ。

風ハ、

　「ソレハ　カベサン　デス。イクラ　私ガ　チカライッパイ　吹イテモ、カベサンハ　ヘイキ

デ　ヰマス。カベサンニハ　カナヒマセン。」
ト　イヒマシタ。
ネズミノ　オトウサンハ、カベノ　トコロヘ
行ッテ、
　「セカイ中デ、一バン　エライ　アナタニ、ム
　スメヲ　アゲタイト　思ヒマス。」
ト　イヒマシタ。
カベモ　コトワリマシタ。
　「セカイ中ニハ、私ヨリ　モット　エライ　人
　ガ　ヰマスカラ。」
ト　イヒマシタ。
ネズミノ　オトウサン
ハ、
　「ソレハ　ダレ　デス
　カ。」
ト　タヅネマシタ。
カベハ、
　「ソレハ　ネズミサン

デス。ネズミサンニ　ガリガリト　カジラ
レテハ、タマリマセン。」
ト　イヒマシタ。
ネズミノ　オトウサンハ、「ナルホド、セカイ中
デ、一バン　エライノハ、ネズミ　ダ。」ト　思
ヒマシタ。
ネズミノ　オトウサンハ、ムスメヲ、キンジョ
ノ　ネズミノ　オヨメサンニ　シマシタ。

[二十二] イタトビ

ギイッコンコ、バッタンコ。
　アカイ　キモノガ
　　アガッタ。
　キイロイ　キモノガ
　　サガッタ。
ギイッコンコ、バッタンコ。
　キイロイ　キモノガ
　　アガッタ。
　アカイ　キモノガ
　　サガッタ。
ギイッコンコ、バッタンコ。
　アガッタ　サガッタ　オモシロイ。
　オヤネノ　スズメモ　ナガメテル。

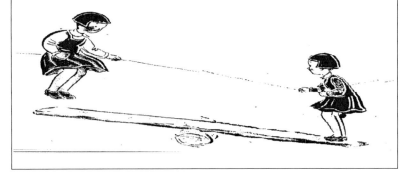

[二十三] キシャ

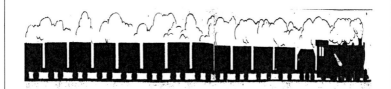

「ゴー。」

ト、トホクノ　方デ　音ガ　シマシタ。

「汽車　ダ。勇チャン　見ニ、行カウ。」

ト、ニイサンガ　イヒマシタ。

ボクタチハ、畠ノ　中ノ　ミチヲ　走ッテ、セン
ロノ　方へ　行キマシタ。

汽車ハ　グングン　大キク　ナッテ、コッチへ
來マス。

「クヮモツ列車　ダ。長イ、長イ。」
ト、ニイサンガ　イヒマシタ。

「シュッ、シュッ、シュッ、シュッ。」
ト、キクヮン車ガ　大キナ　音ヲ　タテテ　來マ
シタ。

「イクツ　アルカ、カゾヘテ　ミヨウ。」
ト、ニイサンガ　イヒマシタ。

クロイ　ハコノ　車ガ、アトカラ　アトカラ　ヤッ
テ　來マス。

「一、二、三、四、五、六、七、八。」
ト、カゾヘテ、十八マデ　來タ　時、牛ノ　タ
クサン　ノッテ　ヰル　車ガ、イクツカ　通リマ
シタ。

「オヤ。」ト　思ッテ　ヰル　間ニ、ボクハ、車

ノ　カズガ　ワカラナク　ナリマシタ。

　牛ノ　アトカラ、大キナ　木ヲ　ツンダ　車
ヤ、石ヲ　ツンダ　車ガ、イクツモ　イクツモ
通リマシタ。オシマヒゴロニ　ナルト、ニイサン
ハ、大キナ　コエヲ　出シテ　カゾヘマシタ。

　「四十六、四十七、四十八。ミンナデ　四十八
　　アッタ。」
ト　イヒマシタ。

　汽車ハ　ダンダン　小サク　ナッテ、トホクノ
方ヘ　行ッテ　シマヒマシタ。

ボクハ、サッキ　見タ　牛ノ　コトヲ　考ヘテ、
　「ボクモ　汽車ニ　ノリタイナア。」
ト　思ヒマシタ。

【二十四】コウチャン

オ庭ヲ ハイテ ヰルト、オカアサンガ イラッシャイマシタ。サウシテ、

「ユミチャン、コレヲ 入レテ 來テ チャウダイ。」

ト オッシャッテ、ハガキヲ オワタシニ ナリマシタ。私ハ ハウキヲ シマッテ、スグニ 出カケマシタ。

門ノ 前デ、コウチャンガ アソンデ ヰマシタ。私ヲ ミツケテ、

「ネエチャン、ボクモ ツレテ イッテ チャウダイ。」

ト イヒマシタ。

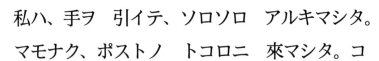

私ハ、手ヲ 引イテ、ソロソロ アルキマシタ。

マモナク、ポストノ トコロニ 來マシタ。コ

ウチャンガ、
　「ボクニ　入レサセテネ。」
ト　イヒマシタ。
私ハ、コウチャンヲ　ダッコシテ、ハガキヲ　入
レサセマシタ。

【二十五】花サカヂヂイ

ムカシ　ムカシ、ア
ルトコロニ、オヂイ
サンガ　キマシタ。犬
ヲ　一ピキ　カッテ、
タイソウ　カハイガッ
テ　キマシタ。

アル日、犬ガ　畠ノ
スミデ、

「ココ　ホレ、ワン　ワン、
　ココ　ホレ、ワン　ワン。」
ト　ナキマシタ。

オヂイサンガ、ソコヲ
ホッテ　ミマスト、土ノ
中カラ、オカネヤ　タカ
ラモノガ、タクサン　出
マシタ。

トナリノ　オヂイサン
ハ、ヨクノ　フカイ　人　デ

シタ。コノ　話ヲ　キイテ、犬ヲ　カリニ　來マ
シタ。ムリニ　犬ヲ　ナカセテ、畠ヲ　ホッテ
ミマシト、キタナイ　モノバカリ　出マシタ。

　オヂイサンハ、オコッテ　犬ヲ　コロシテ　シ
マヒマシタ。犬ヲ　カハイガッテ　ヰタ　オヂイ
サンハ　タイソウ　カナシミマシタ。犬ノ　オハ
カヲ　ツクッテ、ソコヘ、小サナ　松ヲ　一本　ウ
ヱマシタ。

　松ハ、ズンズン　大キク　ナリマシタ。オヂ
イサンハ、ソノ　松ノ　木デ、ウスヲ　コシラヘ
マシタ。ソレデ　米ヲ　ツクト、オカネヤ　タカ
ラモノガ、タクサン　出マシタ。

　トナリノ　オヂイサンハ、マタ　ソノ　ウスヲ

カリニ　來マシタ。米ヲ　ツイテ　ミマスト、キ
タナイ　モノバカリ　出マシタ。マタ　オコッ
テ、ウスヲ　コハシテ、火ニ　クベテ　シマヒマ
シタ。

　犬ヲ　カハイガッテ
ヰタ　オヂイサンハ、
ソノ　灰ヲ　モラッテ
來マシタ。スルト、風
ガ　吹イテ　來テ、灰
ヲ　トバシマシタ。
ソレガ、カレ木ノ　枝ニ　カカッタカト　思フ
ト、一ドニ　パット　花ガ
咲キマシタ。

　オヂイサンハ、ヨロコビ
マシタ。灰ヲ　ザルニ　入レ
テ、

　「花サカヂヂイ、花サカ
　　ヂヂイ。カレ木ニ　花ヲ
　　咲カセマセウ。」

ト　イッテ　アルキマシタ。

　トノサマガ　オ通リニ　ナッテ、

　「コレハ　オモシロイ。花ヲ　咲カセテ　ゴラン。」

ト　オッシャイマシタ。

　オヂイサンハ、木ニ　ノボッテ、灰ヲ　マキマシタ。スルト、カレ木ニ　花ガ　咲イテ、一ドニ　花ザカリニ　ナリマシタ。

　トノサマハ、

　「コレハ　フシギ　ダ。キレイ　ダ、キレイ　ダ。」

ト　オホメニ　ナッテ、ゴハウビヲ　タクサンクダサイマシタ。

トナリノ　オヂイサンハ、ノコッテ　ヰタ　灰
ヲ　カキアツメテ、カレ木ニ　ノボッテ、トノ
サマノ　オカヘリヲ　マッテ　ヰマシタ。ソコ
ヘ、トノサマガ　オ通リニ　ナッテ、
「モウ　一ド、花ヲ　咲カセテ　ゴラン。」
ト　オッシャイマシタ。

オヂイサンハ、灰ヲ　ツカンデ　マキマシ
タ。イクラ　マイテモ、花ハ　咲キマセン。シ
マヒニ、灰ガ、トノサマノ　目ヤ　口ニ　ハイリ
マシタ。

トノサマハ、
「コレハ　ニセモノ　ダ。ワルイ　ヤツ　ダ。」
ト　オッシャイマシタ。

オヂイサンハ、トウトウ　シバラレテ　シマ
ヒマシタ。

走	今	外	月	特	時	海	松	石	咲
(4)	(13)	(17)	(28)	(40)	(51)	(63)	(77)	(95)	(104)
先	青	歩	風	竹	雨	舟	思	考	
(5)	(14)	(18)	(31)	(41)	(53)	(49)	(82)	(97)	
生	音	私	遊	馬	自	泣	雲	入	
(5)	(14)	(19)	(32)	(41)	(53)	(49)	(82)	(97)	
急	方	紙	郎	太	分	下	吹	前	
(8)	(15)	(20)	(33)	(42)	(53)	(69)	(84)	(98)	
村	長	花	早	弟	左	丸	汽	引	
(10)	(16)	(22)	(34)	(42)	(59)	(74)	(92)	(99)	
色	天	正	白	工	田	君	車	土	
(11)	(16)	(25)	(35)	(42)	(59)	(75)	(92)	(101)	
學	氣	西	朝	秋	弓	代	畠	話	
(11)	(16)	(26)	(37)	(44)	(60)	(75)	(93)	(101)	
校	机	夕	橋	里	友	雪	列	火	
(11)	(17)	(26)	(37)	(45)	(60)	(76)	(93)	(103)	
向	赤	次	元	右	米	炭	通	灰	
(12)	(17)	(28)	(39)	(50)	(61)	(77)	(95)	(104)	
行	庭	東	兵	目	矢	口	間	枝	
(13)	(17)	(28)	(40)	(51)	(61)	(77)	(95)	(104)	

昭和十七年八月二十五日翻刻印刷
昭和十七年八月三十一日翻刻發行

著作權所有

ヨミカタ一年下 巻
定價金二十三錢

著作發行者　朝鮮總督府

翻刻發行者　朝鮮書籍印刷株式會社
京城府大島町三十八番地
代表者　野世溪閑了

印刷者　朝鮮書籍印刷株式會社
京城府大島町三十八番地

發行所　朝鮮書籍印刷株式會社

朝鮮總督府　編纂

『ヨミカタ』

二ネン

上

第2學年　1學期

タカミヨ

ンネニ

上

フクトウソンセウテ

『ヨミカタ』ニネン 上
モクロク

[一] 日ノ 出

ラジオノ ウタデ、目ガ サメマシタ。急イデ、庭ニ 出マシタ。

東ノ 空ガ、ウスアカクナッテ キマス。山ノ 上ガ、ダンダン 赤ク ナッテ 來マス。サット、金色ノ 光ガ サシテ、マッカナ オ日サマガ、カオヲ ダシマシタ。空モ、クモモ 金色ニ カガヤイテ、タイソウ キレイデス。「ニイサン、ニイサン」ト 大ゴエデ ヨンダガ ヘンジガ アリマセン。カラスガ 三バ、ムコウノ 森ヘ トンデ 行キマス。オ日サマガ、スッカリ 山ノ 上ニ 上リマシタ。 コウバノ 高イ エントツカラ、クロイ ケムリガ ムクムクト 出ハジメマシタ。

【二】レンゲウガ 咲イタ

レンゲウが 咲イタ。 オ庭ノ スミニ、カキネノ 上ニ マブ
シク 咲イタ。キイロニ、キイロニ マブシク 咲イタ。レン
ゲウガ 咲イタ。ヒナタノ オカヲ、フモトノ イエヲ ウズ
メテ 咲イタ。
キイロニ、キイロニ ウズメテ 咲イタ。

[三] ツクヱ

ワタクシハ、コンド　二年生ニ　ナリマシタ。教室ガ　カワリ
マシタ。机モ　アタラシク　ナリマシタ。ケサ　先生ガ、「カワ
イイ　一年生ガ、タクサン　入ッテ、來マシタ。弟ヤ　イモウト
ト　思ッテ、カワイガッテ、　オアゲナサイ。」ト　オッシャイ
マシタ。

ヒロシサント、一年生ノ　教室ニ　行ッテ　見マシタ。ヒロシ
サンノ　オトウトガ、キョ年、ワタクシガ　スワッテ　ヰタ
机ニ　スワッテ　キマス。ヒロシサンノ　アトニハ、オトナリ
ノ　ヨシノサンガ　スワッテ　キマス。ライ年　上ガル　ワタク
シノ　弟ハ、ドノ　机ニ　スワル　デショウカ。

[四] 國引キ

大昔ノ　コト　デス。

神サマガ、國ヲ　廣ク　シタイト　オ考ヘニ　ナリマシタ。

神サマハ、海ノ　上ヲ　オ見ワタシニ　ナリマシタ。東ノ
方ノ　トホイ、トホイ　トコロニ、アマッタ　土地ノ　アルノ
ガ　見エマシタ。

神サマハ、ソノ　土地ニ　太イ　ツナヲ　カケテ、アリッタ
ケノ　力ヲ　出シテ、オ引キニ　ナリマシタ。

「コッチヘ　來イ、エンヤラヤ。」

「コッチヘ　來イ、エンヤラヤ。」

カケゴエ　勇マシク　オ引キニ　ナリマシタ。ソノ　土地ガ
動キダシテ、大キナ　舟ノヨウニ、グングント　コッチヘ　ヤッ
テ　來マシタ。

神サマハ、ソノ　土地ヲ　ツギアハシテ、國ヲ　廣ク　ナサ
イマシタ。

神サマハ、マタ　海ノ　上ヲ　オ見ワタシニ　ナリマシタ。

コンドハ、西ノ　方ノ　トホイ、トホイ　トコロニ、アマッ
タ　土地ノ　アルノガ　見エマシタ。

神サマハ、ソレニ　ツナヲ　カケテ、

「コッチヘ　來イ、エンヤラヤ。」

「コッチヘ　來イ、エンヤラヤ。」

ト、カイッパイ　オ引キニ　ナリマシタ。コレモ　大キナ　舟
ノヤウニ　動イテ、コッチヘ　ヤッテ　來マシタ。

　神サマハ、カウシテ　國ヲ　廣ク　ナサッタト　イフコト　デ
ス。

【五】二重橋

教室ノ　正面ニ、二重橋ノ　オシャシンガ　カカゲテ　アリマス。ワタクシタチハ、コノ　オシャシンノ　マエデ、ゲンキヨク　勉強ヲ　シテ　ヰマス。高イ　石ガキノ　上ニ、大キナ　松ガ、コンモリト　シゲッテ　ヰマス。ソノ　アイダカラ、白イ　ヤグラガ、クッキリト　ウキ出テ　見エマス。オホリノ　ミズニ　ウツル　カゲハ、ドンナニカ　ウツクシイ　デショウ。アノ　松ノ　ミドリノ　オクニ、天皇陛下ノ　オイデアソバス　御殿ガ　アルノ　ダ。カウ　思フト、コウゴウシサニ　シゼント　頭ガ　下ガリマス。　二重橋ハ、宮城ノ　ゴ正門ノ　ハシデ　アリマス。　天皇陛下ガ　オデマシノ　時ハ、イツモ　コノ　二重橋ヲ、オトオリアソバサレルト　イフ　コトデ　アリマス。トウトイ　二重橋、ケダカイ　二重橋。ワタクシハ、オホキクナッタラ　東京ヘ　イッテ、二重橋ヲ　オガミタイト　思ヒマス。

[六] 鯉ノボリ

ユフベノ 雨ガ ハレテ、日ガ 氣持ヨク テッテ ヰマス。

サヲノ 先ノ 矢車ガ カラカラト ナルト、鯉ガ、大キナ ロデ 思フゾンブン 風ヲ ノンデ、ヤネヨリモ 高ク 尾ヲ アゲマス。

尾ヲ オロシテ 來テ サヲニ ツケルカト 思フト、マタ ハラヲ フクラマシテ ヲドリ上ガリマス。

ソノタビニ、鯉ノ カゲガ 池ノ 上ヲ オヨギマス。

【七】ラクカサン

勇サント 弘サンガ、カミデ ラクカサンヲ コシラヘマシタ。

「サア、野原ヘ 行ッテ トバサウ。」

二人ハ、ソレヲ 持ッテ 出カケマシタ。

勇サンガ、ラクカサンヲ タタンデ、イトヲ クルクル マイテ、ソレヲ 空ヘ 向カッテ 力イッパイ ナゲマシタ。スルト、開カナイデ ソノママ 落チテ 來マシタ。

「オモリガ カルイノ ダネ。」

ト、勇サンガ イヒマシタ。

「コンドハ、ボクノヲ トバスヨ。」

トイッテ、弘サンガ、同ジヤウニ 空ヘ ナゲマシタ。開クニハ 開キマシタガ、スグニ 落チテ 來マシタ。

「コレハ 重スギル。」

ト、弘サンガ イヒマシタ。

二人ハ、ヨササウナ 石ヲ アチコチト サガシマシタ。ソコヘ、春枝サンガ、犬ヲ ツレテ アソビニ 來マシタ。

「何ヲ サガシテ イラッシャルノ。」

「ラクカサンニ ツケル 石ヲ、サガシテ ヰルノ デス。」

ト、勇サンガ イヒマシタ。

「ヂャ、コレハ　ドウ　デセウ。」

ト　イッテ、春枝サンハ　ガラス玉ヲ　二ツ　見セマシタ。

「コレナラ、チャウド　イイカモ　シレナイ。」

ソレヲ　オモリニ　ツケカヘテカラ、勇サンガ　アゲテ見マ
シタ。スルト、ラクカサンハ　パット　開イテ、フハリフハリ
ト　落チテ　來マシタ。

「ウマイ、ウマイ。」

コンドハ、二人デ　イッショニ　アゲマシタ。

「一、二ノ、三。」デ、高ク　上ゲルト、ドチラモ
パット　開キマシタ。

チャウド　ソノ時、南ノ　方カラ　風ガ　吹イテ　來テ、ラク
カサンガ　吹キ上ゲラレマシタ。サウシテ、ドンドン　北ノ
方ヘ　トバサレテ　行キマシタ。勇サンモ　弘サンモ、ソノ
アトヲ　オッテ　行キマシタ。

「ヤア、ラクカサンブタイ　ダ。ススメ、ススメ。」

ト、テンデニ　大キナ　コエデ　イフト、犬モ　ワンワント　ホ
エテ、マッサキニ　走ッテ　行キマシタ。

「グンヨウ犬モ　トツゲキ　デス。」

ト　イッテ、春枝サンモ　ツイテ　行キマシタ。

ラクカサンハ、草ノ　中ヘ　シヅカニ　落チマシタ。

【八】タンポポ

コドモ 「ア、タンポポガ　サイテ　ヰル。兄サン、トッテ
　　　　カヘリマセウ。」

タンポポ「シラガアタマニ　ナルマデ、ドウカ　トラナイデ
　　　　クダサイ。」

コドモ 「イツ、シラガニ　ナルノ。」

タンポポ「スグ　デスヨ。」

勇　　 「兄サン、シロイ　ワタノヤウナ　モノガ　トンデ
　　　　來マスネ。」

正男　 「アレガ、タンポポノ　ミ　ダヨ。ソコニ　アル、タ
　　　　ンポポノ　シラガアタマヲ　フイテ　ゴラン」

ワタクシハ、タンポポノ　シラガアタマヲ　フキマシタ。

白イ　ワタノ　ツイタ　ミ　ガ　フワリ　フワリト　トンデ　イキマ
ス。

正男　 「勇サン、アノヤウニ　ホウボウヘ　トンデ　行ッ
　　　　テ、ナカマヲ　フヤスノ　ダヨ。」

勇　　 「兄サン、一ツノ　花ニハ、ミガ、イクツグライ　デ
　　　　キル　デセウ。」

正男　 「サア。」

勇　　 「シラベル　コトハ、デキナイ　デセウカ。」

正男　 「デキルネ、考ヘテ　ゴラン。」

【九】トラト　キツネ

　虎ガ、ヤマノ　ナカヲ　アルイテ　ヰルト、キツネガ　來マ
シタ。虎ハ、

　「ハラガ　ヘッテ　ヰルカラ、才前ヲ　クフゾ。」

ト　イッテ、イマニモ　トビカカラウト　シマシタ。キツネハ
ヘイキナ　顔デ、

　「オレヲ　クウト、バチガ　アタルゾ。オレハ　ケモノノ
　　カシラデ、ミンナ　オレヲ　コハガッテ　イル。ウソダ
　　ト　オモフナラ　イッショニ　來イ。」

ト　イヒマシタ。虎ガ　キツネニ　ツイテ　イクト、向カフカ
ラ　兎ガ　來マシタ。キツネヲ　見ルト、一サンニ　逃ゲテ　行
キマシタ。少シ　行クト、ヌクテガ　來マシタ。ヌクテモ　キ
ツネヲ　見ルト、一サンニ　逃ゲマシタ。虎ハ、

　「ナルホド　キツネハ　エライン　ダナ。」

ト　思ヒマシタ。マタ　少シ　行クト、岩ノ　カゲカラ、クマ
ガ　ノッソリト　出テ　來マシタ。キツネヲ　見ルト、クマモ
逃ゲテ　行キマシタ。トチュウデ　アフ　ケモノハ、ミンナ　逃
ゲテ　行キマス。虎ハ、

　「ナルホド、キツネハ　エライ。」

ト　思ッテ、ソノママ　山オクヘ　カヘッテ　行キマシタ。

【十】トケイ

昨日、學校カラ　カヘルト、オヘヤノ　柱(ハシラ)ニ、アタラシイ　時計(トケイ)ガ　カカッテ　ヰマス。オ父サンニ　オタヅネスルト、

「今日、町カラ　買ッテ　來タノ　ダ。ドウダ、イイ　時計　ダラウ。」

ト　オッシャイマシタ。バンゴハンノ　昨、ネエサンガ、

「オ父サン、時計ハ　ニギヤカデ、イイ　モノ　デスネ。」

ト　イフト、オ母サンが、

「家ノ　ナカガ、明ルク　ナッタネ。」

ト　オッシャイマシタ。

「ネエサン、學校へ　行ク　時間ヲ　キメルト　イイネ。」

ト　ワタクシガ　イフト、ネエサンハ

「ネル　時間ト、オキル　時間モ　キメマセウ。」

ト　イヒマシタ。ソバデ　キイテ　イラッシャッタ　オ父サンガ、

「ソレハ　イイネ。キメタ　時間ヲ　ヨク　守ッテ、ナニゴトモ　キマリヨクセウ。」

ト　オッシャイマシタ。時計ハ、

「コンバンハ、コンバンハ」

ト　イフヤウニ、カッチン　カッチント　動イテ　イマス。

[十一] 田ウヱ

田ウヱガ ハジマリマシタ。アチラデモ コチラデモ、ヒトガ オホゼイ 出テ、田ウヱヲ シテ ヰマス。ウシニ マグハヲ ヒカセテ、田ヲ カキナラシテ ヰル 人モ 見エマス。ナハシロデハ、女ノ 人ガ セッセト 苗(ナヘ)ヲ トッテ ヰマス。トッタ 苗ヲ ハコブ 人、ハコンダ 苗ヲ、タンボニ ナゲ入レル 人、ミンナ イソガシソウニ ハタライテ ヰマス。ドコカラカ、田ウヱノ ウタガ 聞ヱテ 來マス。

「コトシハ ホウ年、ホ ニ ホ ガ 咲イテ、ミチノ 小草
　モ コメガ ナル。」

田ウヱハ、ドンドン ハカドッテ 行キマス。モウ ツバメガ 來テ、白イ ハラヲ 見セナガラ トンデ ヰマス。

村ハヅレノ ミチヲ、コドモガ 三四人 アルイテ 來マス。女ノコガ、赤チャンヲ オンブシテ ヰマス。

オ母サンノ トコロヘ、オチチヲ ノマセニ 來タノ デセウ。

【十二】雨アガリ

雨ガ 止ンデ、空ガ 明ルク ナリマシタ。野原ヤ 森ノ ミドリガ、目モ サメルヤウ デス。タンボノ イネハ、モウ 三十センチグライニ ノビテ、ソヨソヨト 風ニ ナビイテ ヰマス。

小川ハ 水ガ フエテ、イキホヒヨク 流レテ ヰマス。「ポチャン。」ト オトヲ 立テテ、カエルガ ミズニ トビコミマシタ。

流ニ オサレナガラ オヨイデ ヰタガ、ヤウヤウ キシニ ツキマシタ。ソウシテ、大キナ 目ヲ コチラヘ 向ケマシタ。

クモノ キレ目カラ、カット 強イ 日ガ サシテ キマシタ。アミヲ モッタ コドモガ、大キナ コエデ ヨビナガラ、タンボノ 間ヲ 走ッテ ヰマス。「ポウ」ト 汽笛ノ オトガ シマシタ。

マモナク 森ノ カゲカラ、汽車ガ イキオイヨク 走ッテ 來マシタ。ツリザヲヲ モッタ 人ガ 三人、線路ノ 向ウヲ 歩イテ ヰマス。ヒサシブリニ オテンキニ ナッタ ノデ、鐵橋ノ ソバノ 池ハ、ツリヲ スル 人デ、ニギハッテ ヰル デセウ。

[十三] 川

　勇サンノ　家ノ　前ニ、川ガ　アリマス。イツモ、キレイナ　水ガ　流レテ　キマス。勇サンハ、コノ　川デ　池ヲ　作ッタリ、魚ヲ　スクッタリシテ　遊ビマス。

　勇サンハ、コノゴロ、「イッタイ、コノ　川ノ　水ハ　ドコカラ　來テ、ドコヘ　行クノ　ダラウ。コレホド　タクサンノ　水ガ　流レテ、ソレデ　ヨク　ナクナラナイモノ　ダ。」ト　考ヘルヤウニ　ナリマシタ。

　アル日、兄サンニ　コノ　コトヲ　聞イテ　見マシタ。兄サンハ、

　「川ハ、遠イ　山カラ　流レテ　來テ、海ヘ　行クンダ。」ト　イヒマシタ。

　「ドウシテ、水ハ　ナクナラナイノ　デセウ。」

　「トキドキ、雨ガ　フルカラサ。」

　「ソンナラ、海ハ　水デ　イッパイニ　ナッテ、コボレマセンカ。」

　「海ハ　廣イヨ。コンナ　川ガ　何百　流レコンデモ、ヘイキ　ダ。」

ト　イッテ、兄サンハ　笑ヒマシタ。

　勇サンハ、マダ　ヨク　分カリマセン。ソレデ、オ父サン

ニ 同ジ コトヲ 聞キマシタ。

「ソレハ、兄サンノ イフ トホリ ダヨ。コノ 川ヲ ズット 上ッテ 行クト、山ト 山ガ 近ヨッテ、セマイ 谷ニ ナル。ソノ 谷ノ オクカラ、流レテ 來ルノダガ、ソノヘ ンデハ、小サナ 谷川 ダ。マタ コノ 川ヲ ダンダン ク ダッテ 行クト、大川ニ ナッ テ、オシマヒニハ、廣イ、廣 イ 海ヘ 出ル。オマヘモ、イマニ ソノ 山ヤ 海ヘ 行ッ テ 見ルト、ヨク 分カル タラウ。」

ト オッシャイマシタ。

勇サンハ、少シ 分カッタヤウニ 思ヒマシタ。ケレドモ、 考ヘテ 見ルト、水ガ イツモ 流レテ ナクナラナイノガ フ シギ デシタ。

コンドハ、ソノ コトヲ オヂイサンニ 聞イテ 見マシタ。

「ホウ、ヨイ トコロヘ 氣ガ ツキマシタ。山ニハ 木ガ アルネ、草モ アルネ。雨ガ フルト、水ハ、木ノ 根ヤ、 草ヤ、落葉ノ 間ニ タマッタリ、地面ヘ シミコンダリ シテ、少シヅツ 山カラ 谷ヘ、谷カラ 川ヘト ツタハッ テ 流レル。ソノ 水ガ マダ ナクナラナイ ウチニ、次 ノ 雨ガ フル。ソレハ チャウドオ ヂイサンノ 元

氣ナ　間ニ、オ父サンガ　生マレル、オ父サンノ　元氣ナ　間

ニ、オマヘタチガ　生マレル、ソレデ、コノ　ウチガ　ツヅ

イテ　イクノト　同ジ　コト　ダ。」

ト、オヂイサンハ　オッシャイマシタ。

【十四】トンボ

トンボ、トンボ。

二羽ノ　カキネニ、

トンボガ　一匹　トマッタ。

グルリ　グルリ、

指デ　ワヲ　カクト、

ギラリ　ギラリ、

目玉ガ　光ル。

チョット　羽ヲ　ツママウト　シタラ、

スイト、

アッチヘ

ニゲテ　行ッタ。

【十五】 一寸ボフシ

　オジイサント　オバアサンガ　ヰマシタ。コドモガ　ナイノデ、

　「ドウゾ、コドモヲ　一人　オサヅケ下サイ。」

ト、神様ニ　オネガヒ　シマシタ。

　男ノ子ガ　生マレマシタ。小指　グライノ　大キサ　デシタ。アンマリ　小サイノデ、一寸ボウシト　イフ　名ヲ　ツケマシタ。

　一寸ボフシハ、二ツニ　ナッテモ、三ツニ　ナッテモ、少シモ　大キク　ナリマセン。オジイサント　オバアサンハ、シンパイシテ、

　「一寸ボフシノ　セイガ、高ク　ナリマスヤウニ。」

ト、毎日、神様ニ　オイノリシマシタ。ケレドモ、ヤッパリ　生マレタ　時ノ　ママデシタ。

二

　一寸ボフシハ、十三ニ　ナリマシタ。アル日、オジイサント　オバアサンニ、

　「都ヘ　行ッテ、リッパナ　サムラヒニ　ナリタイト　思ヒマス。少シノ　間、オヒマヲ　下サイ。」

ト　タノミマシタ。

　一寸ボフシハ、オバアサンカラ、針ヲ　一本　モラヒマシタ。ソレヲ　刀ニ　シテ、ムギワラノ　サヤニ　入レテ、コシニ　サシマシタ。ソレカラ、オワンヲ　モラッテ、舟ニ　シマシタ。オハシヲ　モラッテ、カイニ　シマシタ。

　一寸ボフシハ、オワンノ　舟ニ　ノッテ、オハシノ　カイデ　ジョウズニ　コイデ、大キナ　川ヲ　ノボッテ　行キマシタ。

　都ニ　ツクト、トノサマノ　オヤシキヘ　行キマシタ。

　「ゴメン　下サイ。」

ト　イフト、トノサマガ　出テ　オイデニ　ナリマシタ。ガ、ダレモ　ヰマセン。

　「ダレダラウ。」

ト　イッテ、方方　オサガシニ　ナリマシタ。

　「ドコニ　イルノ　ダラウ。」

ト　イッテ、庭ヲ　見マハシナガラ、アシダヲ　オハキニ　ナラウト　シマシタ。スルト、ソノ　アシダノ　カゲニ　ヰタ　一寸ボフシハ、

　「フンデハ　イケマセン。」

ト　イッテ、アワテテ　トビ出シマシタ。サウシテ、

　「ケライニ　シテ　下サイ。」

ト　タノミマシタ。

　トノサマハ、

「コレハ　オモシロイ　子　ダ。」

ト　イッテ、ケライニ　ナサイマシタ。

三

　三年　バカリ　スギマシタ。一寸ボフシハ、アル日、オヒメ様ノ　オトモヲ　シテ、遠イ　所ヘ　出カケマシタ。

　トチウ　マデ　來ルト、ドコカラカ、オニガ　出テ　來テ、一寸ボフシヤ　オヒメサマヲ　タベヤウト　シマシタ。

　一寸ボフシハ、針ノ　刀ヲ　ヌイテ、オニニ　向カヒマシタガ、トウトウ　ツカマッテ　シマヒマシタ。

　オニハ、一寸ボフシヲ　ツマンデ、一口ニ　ノンデ　シマヒマシタ。

　一寸ボフシハ、オニノ　オナカノ　中ヲ、アチラコチラトカケマハッテ、針ノ　刀デ、チクリ　チクリト　ツツキマシタ。オニハ、

「イタイ、イタイ。」

ト　イヒマシタ。

　ソノウチニ、一寸ボフシハ、オナカノ　中カラ　ハヒ上ッ

テ、ハナノ オクヲ トウッテ、目ノ 中ヘ 出マシタ。ソウシ
テ、針ノ 刀デ 目玉ヲ ツツキマハッテ、ピョコリト 地面ヘ
トビ下リマシタ。

　オニハ、目ノ 中ガ イタクテ ナリマセン。目ヲ オサヘ
テ、一生ケンメイニ ニゲテ 行キマシタ。ウチデノコヅチ
モ、ワスレテ ニゲテ 行キマシタ。

四

　オニノ ワスレタ ウチデノコヅチヲ 見ルト、オヒメ様ハ、
　「コレハ ヨイ モノガ アル。」
ト イッテ、大ソウ ヨロコビマシタ。コレヲ フルト、ナン
デモ ジブンノ 思フ トウリニ ナルカラ デス。ソコデ、
　「一寸ボフシノ セイガ、高ク ナルヤウニ。」
ト イッテ、オヒメ様ハ、サッソク ウチデノコジチヲ フリ
マシタ。

　一寸ボフシノ セイガ、少シ 高ク ナリマシタ。
　「モット 高ク ナレ、モット 高ク ナレ。」
ト イヒナガラ、ナンベンモ フリマシタ。

　一寸ボフシハ、ダレニモ マケナイ リッパナ サムラヒニ
ナリマシタ。

[十六] ウサギ

ニワノ ムシロノ 上デ、兄サンガ リンゴノ アキ箱ニ、カナアミヲ ハッテ ヰマス。

「ドウ スルノ 兄サン。」

ト タズネルト、

「兎ヲ イレルンダ。サッキ オジサンノ トコロカラ モラッテ 來タ。アソコニ ヰルカラ ゴラン。」

ト イッテ、エンガワヲ 指サシマシタ。エンガワヘ
イッテ、カゴノ 中ヲ 見ルト、マッシロナ 兎ガ 二匹、カラダヲ クッツケテ ヰマス。耳ヲ ツカモウト スルト、ピョント ハネテ、カゴノ 外ヘ 出ヤウト シマス。

マタ ツカモウト シテ ヰルト、

兄サンガ、

「勇、アカシヤノ ハッパヲ 取ッテ オイデ。」

ト イヒマシタ。ザルヲ モッテ 行キカケルト、イモウトガ、

「兄チャン、ドコヘ 行クノ。」

ト イヒナガラ、ツイテ 來マシタ。オトナリノ トシチャンガ、家ノ 前デ、アソンデ ヰマシタ。

妹ガ、見ツケテ、

「ワタクシノ　ウチデハ、兎ヲ　モラッタヨ。」

ト、ウレシソウニ　イヒマシタ。川原カラ　カヘルト、モウ　ウサギノ　イヘハ　デキテ　ヰマシタ。オカアサント　兄サンガ　兎ヲ　見ナガラ、オハナシヲ　シテ　イラッシャイマス。兎ハ、カオヲ　ナラベテ　スワッテ　ヰマス。長イ　耳ヲ　動カシテハ　赤イ　目デ、コチラヲ　見マス。

アカシヤノ　ハッパヲ　ヤルト、兎ハ、小サナ　ハナヲ　動カシナガラ、オイシソウニ　食ベマシタ。

ワタクシガ、

「オ母サン、口ヲ　モグモグサセテ、兎ハ　オバアサンノ　ヤウ　デスネ。」

ト　イフト、

「勇チャンハ、オモシロイ　コトヲ　イフネ。」

ト　イッテ、オ笑ヒニ　ナリマシタ。

【十七】サンパツ

庭デ　アソンデ　ヰルト、オ母サンガ、

「勇チャン、サンパツヲ　シテ　アゲルカラ、ヨウイヲ　シナ
　　サイ。」

ト　オッシャイマシタ。

　ワタクシハ、コシカケヲ　出シテ、サクラノ　木ノ下ニ　オ
キマシタ。

　サウシテ、キレヲ　カケテ　待ッテ　ヰルト、オ母サンガ　イ
ラッシャイマシタ。

　オ母サンハ、耳ノ　ソバデ、バリカンヲ　カチカチト　動カ
シテカラ、

「サア、ハジメマスヨ。」

ト　オッシャイマシタ。ワタクシハ、首ヲ　ノバシテ、下ヲ　向
キマシタ。

　間モナク、頭ノ　後デ、バリカンガ　動キハジメマシタ。

　白イ　キレノ　上ニ、カミノ　毛ノ　カタマリガ、オチテ　來
マス。

　急ニ、カミノ　ケヲ　ヒッパリマシタ。ワタクシハ、思ハズ
首ヲ　ヒッコメマシタ。

オ母サンガ、

「ジットシテ　イラッシャイ。」

ト　オッシャッテ、バリカンヲ　アトノ　方ヘ　モドシマシタ。

　バリカンハ、スグ　トレマシタ。オ母サンハ、

「今度ハ　イイ　デショウ。」

ト　オッシャッテ、マタ　カリハジメマシタ。

　ソバデ　見テ　ヰタ　妹ガ、

「兄チャン、イタイ。」

ト、ワタクシノ　カオヲ　ノゾキマシタ。

　バリカンハ、氣持ノ　ヨイ　音ヲ　タテナガラ　動イテ　ヰマス。

　シバラクシテ　スミマシタ。

　オ父サンガ、

「ヤア、キレイニ　ナッタ。オ母サンノ　サンパツヤサン
　ハ、ナカナカ　ジョウズダ　ナー。」

　ト　オッシャイマシタ。

[十八] スマフ

「ハッケヨイ、ノコッタ　ノコッタ。」

「タケチャン、シッカリ。」

「ケンチャン、ガンバレ。」

「アッ　アブナイ。シッカリ　シッカリ。ハッケヨイ、ノコッタ、ノコッタ。」

カワラノ　砂ノ　上デ、コドモノ　スモフガ　ハジマリマシタ。アツイ　夏ノ　日ガ、カンカン　テッテ　ヰマス。ギャウジノ　タロウクンガ、グンバイヲ　アゲテ、

「コンドハ、勇サント　弘サン。」

ト　呼ビマシタ。二人ハ、ドヘウノ　マン中デ　カマヘマシタ。ギャウジガ　グンバイヲ　ヒクト、サット　立上ッテ　トリクミマシタ。ドヘウノ　マワリカラ

「ワァッ」

ト　コヱガ　アガリマシタ。勇サンガ、弘サンノ　足ヲ　トリマシタ。足ヲ　トラレタ　弘サンハ、ゲンキデ　タタカッテイタガ、トフトヒ　ドヘウノ　マン中ニ、シリモチヲ　ツキマシタ。ミンナガ、ドット　ワラヒマシタ。コンドハ、　國雄君ト　民治君ノ　トリクミ　デス。

「國雄君、シッカリ。」

「民治君、シッカリ。」

民治君ガ、國雄君ノ　オビヲ　ツカモウト　シマス。國雄君
ハ　キラッテ、ナカナカ　ツカマセマセン。

「ハッケヨイ、ノコッタ　ノコッタ。」

ギャウジハ、二人ノ　マワリヲ　グルグル　マワリナガラ、
イッショウケンメイ　デス。

トフトイ　民治君ガ、相手ノ　オビヲ　ツカミマシタ。

「民治君、シッカリ。」

「國雄君、ガンバレ。」

民治君ガ、足カケデ　セメハジメマシタ。國雄君ハ、カオ
ヲ　赤ク　シテ、グングン　オシテ　キマス。

「ハッケヨイ、ノコッタ。」

急ニ、國雄君ガ　カラダノ　向キヲ　カヘマシタ。二人ハ
ドット　タフレマシタ。

「ワァア。」

「ワァア。」

ギャウジガ、グンバイヲ　高ク　上ゲテ、

「トリナホシ。」

ト、オホキナ　コヱデ　イヒマシタ。

【十九】子牛

モウ　モウ　子牛ハ
カワイイナ。
スパ　スパ　オチチヲ
ノンデ　ヰル。

モウ　モウ　子牛ハ
カワイイナ。
トコ　トコ　オヤ牛
オッテ　行ク。

モウ　モウ　子牛ハ
カワイイナ。
小サイ　オメメデ
雲　見テル。

[二十] 金ノ ヲノ

　木コリガ、池ノ ソバノ 森デ、木ヲ キッテ ヰマシタ。ヲノニ 力ヲ 入レテ、コン、コン、ト キッテ ヰマシタ。アンマリ 力ヲ 入レスギタノデ、ヲノガ 手カラ ハナレテ、トンデ 行キマシタ。

　「アッ」

ト 思フ 間ニ、ヲノハ、深(フカ)イ 池ノ 中ヘ、ドブント オチテ シマヒマシタ。

　「ア、シマッタ。」

ト、木コリハ、オモワズ 大キナ コヱヲ ダシマシタ。サウシテ、マッサヲナ 水ノ 上ヲ ジット 見ナガラ、

　「ドウ シタラ ヨカラウ。」

ト、考ヘコンデ ヰマシタ。スルト、ソノ 水ノ 中カラ、マッシロナ 長イ ヒゲノ 生エタ オジイサンガ、出テ 來マシタ。サウシテ、

　「ドウシタノカ。」

ト 聞キマシタ。

　木コリハ、

「池ノ 中ヘ、ヲノヲ オトシテ シマヒマシタ。」

ト 答(コタ)ヘマシタ。

「ソレハ　カハイサウ　ダ。ワタクシガ　ヒロッテ　ヤラウ」

　カウ　イフト、オジイサンノ　姿ハ、スグ、水ノ　中ニ　消(キ)エテ　見エナク　ナリマシタ。シバラク　スルト、オジイサンガ　出テ　來マシタ。ソノ　手ニハ、美(ウツク)シイ　金ノ　ヲノガ、キラキラト　ヒカッテ　ヰマシタ。

　「才前ノ　落シタノハ、コレ　ダラウ。」

　「イイエ、チガヒマス。ソレデハ　ゴザイマセン。」

　「デハ、モウ　一度　サガシテ　見ヨウ。」

　オジイサンノ　姿(スガタ)ハ、マタ　水ノ　中ニ　消エマシタ。サウシテ、今度ハ　美シイ　銀(ギン)ノ　ヲノヲ　モッテ、出テ　來マシタ。

　「デハ、コノ　ヲノカ。」

　「イイエ、ソレデモ　ゴザイマセン。鐵ノ　ヲノデ　ゴザイマス。」

　「ソウカ。デハ、モウ　イチド　サガシテ　見ヤウ。」

　オジイサンハ、今度コソ、木コリノ　落シタ　鐵ノ　ヲノヲモッテ、出テ　來マシタ。

　「コレ　ダラウ。」

　「ハイ、ドウモ　アリガタウ　ゴザイマシタ。」

　木コリハ、ソノ　ヲノヲ　受(ウケ)取ッテ、ナンベンモ　オ

レイヲ イヒマシタ。オジイサンハ、

　「オ前ハ、ホンタウニ　正直(ヂキ)ナ　オトコダ。コノ　二ツ
　　ノ　ヲノモ、オ前ニ　アゲヤウ。」

ト イヒナガラ、金ノ ヲノト 銀ノ ヲノヲ 木コリニ ヤリ
マシタ。

［二十一］軍カン

　春雄サンハ、軍カンガ　大スキ　デス。マダ、ホンタウノ軍カンヲ　見タ　コトハ　アリマセンガ、ヲヂサンニ　モラッタヱヲ　見タリ、ヲヂサンノ　オ話ヲ　聞イタリシテ、軍カンノコトハ　ヨク　知ッテ　ヰマス。ヲヂサンハ　海軍ノ　軍人サンデス。

　春雄サンハ、センカンヤ、ジュンヤウカンヤ、クチクカンヤ、センスイカンナドノ　コトヲ　ヨク　知ッテ　ヰマス。

　春雄サンニ　センカンノ　コトヲ　聞クト、カウ　答ヘマス。

「センカンハ、一バン　大キクテ、一バン　ガッシリシタ　軍カン　デス。マルデ　海ニ　ウカンダ　オ城ノヤウ　デス。大キナ　大砲ガ　イクツモ　アッテ、テキノ　軍カンヲ　ドシドシ　ウチマス。ボクハ、センカンガ　大スキ　デス。」

カウ　イッタ　アトデ、キット、

「デモ、ジュンヤウカンハ　ユクヮイナ　軍カン　デスヨ、センカンヨリモ　ズット　早ク　走レテ、形ガ　スッキリシテ　ヰテ。ボクハ、アレニ　ノッテ、セカイ中ノ　海ヲ　ノリマハシテ　見タイ。」

ト　イヒマス。

「一バン　早イノハ、ジュンヤウカン　デスカ。」

ト　タヅネマスト、

「イイエ、ソレハ　クチクカン　デス。小サクテ、カルクテ、
グングン　走リマス。小サイ　クセニ　ギョライデ、大キナ
軍カンヲ　ヤッツケマス。」

ト　答ヘマス。

「モット　カハッタノハ　アリマセンカ。」

ト　聞キマスト、

「ソレハ、センスイカント　カウクウボカン　デス。センスイ
カンハ、魚ノ　ヤウニ　海ノ　中ヘ　モグリマス。カウクウ
ボカンハ、廣イ　カンパンカラ、ヒカウキヲ　イクツモ　イ
クツモ　トバシマス。」

ト　答ヘマス。

春雄サンハ、ヲヂサンノヤウニ、海軍ノ　軍人サンニ　ナル
ト　イッテ　キマス。

[二十二] 手紙

一　先生ヘ

先生、オカワリハ　アリマセンカ。ワタクシハ　ゲンキデ、ラジオ體操ニ　行ッテ　ヰマス。マダ　一ペンモ　休ミマセン。

朝ノ　スズシイ　ウチニ　オサラヒヲ　シテ、後ハ、弟ノ　オモリヲ　シタリ、キヌチャンタチト　アソンダリ　シテ　ヰマス。

先生、コチラハ　毎日　ヨイ　オ天氣ガ　ツヅキマス。オ父サンガ、稲ガ　ヨク　ノビテ、今年ハ　オ米ガ　タクサン　トレルト、ヨロコンデ　イラッシャイマス。今度ノ　大詔奉戴日ニハ、皆デ、オ宮ノ　オサウヂヲ　スル　コトニ　ナッテ　ヰマス。先生、アツイ　時デスカラ、オカラダニ　氣ヲ　ツケテ　クダサイ。

二　飛行場カラ

次郎君、今日ハ　飛行場ヘ　行キマシタ。銀色ノ　飛行機ガ、タクサン　ナランデ　ヰマシタ。

クサノ　上ニ　休ンデ　ヰルト、多キナ　ヲトガ　シテ、飛行機ガ　動キダシマシタ。土ケムリヲ　立テテ　カッソウ　シテカ

ラ フワリト トビタチマシタ。ズンズン 高ク アガッテ、ト
ウトウ 見エナク ナリマシタ。

　オ父サンガ、

　「アノ 飛行機ハ、夕方ニハ 東京ニ ツクガ、ハヤイモノ
　　ダナ。」

ト オッシャイマシタ。ツヅイテ、イクダイモ イクダイモ
トビタチマシタ。西ヘ 行ク モノヤ 北ヘ トブ モノデ、飛
行場ハ、タイソウ ニギヤカ デシタ。次郎君、飛行機ニ
ノッテ、東京ヘ 行ッテ 見タイネ。サヨウナラ。

三　海ヘ　來テ

　オ母サン、ワタクシハ、昨日 ヲバサント イッショニ、海
ヘ 行キマシタ。海ハ アマリ 廣イノデ、ビックリ シマシ
タ。水ハ マッサオ デス。トオイ トコロデ、水ト 空ガ イッ
ショニ ナッテ ヰマス。白帆ガ、イクツモ 浮カンデ ヰマ
ス。汽船モ トオッテ ヰマス。沖ノホウカラ、波ガ 浮ネッ
テ キテ ハマベデ、ドット ヲトヲ タテテ クダケマス。ソ
ノタビニ、白イ 布オ ヒロゲタヤウニ ヒロガリマス。海
ハ イツモ 動イテ ヰマス。海ハ、イキテ ヰルト オモヒマ
シタ。

　波ウチギハヤ　砂ハマデ、貝(カヒ)ヲ　見ツケマシタ。オサ
ラノヤウナノヤ　カタツムリノ　ヤウナノヤ　イロイロ　アリ
マス。ソノ　中デ、ツメノヤウナ　カタチヲ　シタ、ツヤツヤ
ト　サクラ色ニ　ヒカッテ　ヰルノガ、一番　好キデシタ。
ワタクシハ　貝ヲ　タクサン　ヒロッテ、カヘリタイト　思ヒマ
ス。

【二十三】自動車

　　勇サンノ　ウチヘ　遊ビニ　行カウト　思ッテ、外ヘ　出マシ
タ。

　　ト中マデ　來テ、フト　見ルト、勇サンノ　家ノ　前ニ、自動
車ガ　止ッテ　ヰマシタ。ソバニ、人ガ　四五人　立ッテ　ヰマ
シタ。

　　「ナンダラウ。」

ト　思ッテ、私ハ　急イデ　行ッテ　見マシタ。勇サンガ　ヰマ
シタノデ、

　　「ドウシタノ　デス。」

ト　聞キマスト、勇サンハ、

　　「自動車ノ　コシャウ。」

ト　イヒマシタ。

　　「ドンナ　コシャウ。」

ト　聞キマスト、ソバニ　ヰタ　ドコカノ　ヲヂサンガ、

　　「アノ、左ガハノ　後ノ　車ヲ　ゴランナサイ。」

ト　イヒマシタ。

　　見ルト、ソノ　車ノ　たいやガ、ヒシャゲテ　ヰマシタ。

　　「破レタノ　デセウカ。」

ト　聞キマスト、ヲヂサンハ、

「たいやノ　中ノ　ちゅーぶニ　アナガ　アイテ、空氣ガ

　ヌケテ　シマッタノ　デス。」

ト　イヒマシタ。

　ウンテンシュハ、ソノ　車ヲ　ハヅシマシタ。サウシテ、自

動車ニ　ツケテ　アッタ　ホカノ　車ヲ　持ッテ　來テ、トリツ

ケマシタ。

　シゴトガ　スムト、ウンテンシュハ　ヲヂサンタチニ、

　「オ待チドホサマ　デシタ。ドウゾ、オ乘リクダサイ。」

ト　イヒマシタ。ヲヂサンタチ　三人ハ、

　「ヤア、ゴクラウ　デシタ。」

ト　イッテ、自動車ニ　乘リマシタ。

　ウンテンシュモ　乘リマシタ。

　「ぶるぶる、ぶるぶる。」

ト、自動車ガ　ウナリダシマシタ。

　ヲヂサンタチハ、私タチニ、

　「サヤウナラ。」

ト　イヒマシタ。私モ　勇サンモ、

　「サヤウナラ。」

ト　イヒマシタ。

　　自動車ハ　動キ出シマシタ。

　「ぶっぶう。」

自動車ハ　走ッテ　行キマス。

私タチハ、**自動車**ガ　見エナク　ナルマデ、見テ　ヰマシ
タ。

【二十四】長イ　道

ドコマデ　行ッテモ、

長イ　道。

夕日ガ　赤イ、

森ノ　上。

ドコマデ　行ッテモ、

長イ　道。

ゴウント　オ寺ノ

カネガ　ナル。

ドコマデ　行ッテモ、

長イ　道。

モウ　カヘラウヨ、

日ガ　クレル。

[二十五] ウラシマ太郎

一

四人ノ 子ドモガ、一ピキノ カメヲ トリマイテ 遊ンデ キマス。

子ドモ一　「コノ　カメヲ　コロガシテ　ミヨウ。」

子ドモ二　「オモシロイ。ミンナデ　コロガサウヨ。」

ミンナ　　「ヨイショ、ヨイショ。」

　カケゴエヲ　カケナガラ、ミンナデ　カメヲ　コロガシマ
ス。ソコヘ　ウラシマ太郎ガ　來マス。

ウラシマ　「コレ、コレ、ドウシタノ　ダ。」

子ドモ三　「オモシロイカラ、カメヲ　コロガシテ　ヰルノ
　　　　　　デス。」

ウラシマ　「ソンナ　コトヲ　シテハ　イケナイ。カハイサウ
　　　　　　ダカラ、ハナシテ　オヤリ。」

子ドモ四　「ダッテ、ボクタチガ　ツカマヘタノ　ダモノ。」

ウラシマ　「デモ、カメハ　生キモノダ。ユルシテ　オヤ
　　　　　　リ。サウ　ダ。私ニ、コノ　カメヲ　賣ッテ　クレ
　　　　　　ナイカネ。」

ミンナ　　「賣ッテ　アゲヨウ。」

　ウラシマハ、オ金ヲ　子ドモタチニ　ヤリマス。

子ドモ一　「ヨカッタ、ヨカッタ。」

みんな　　「行カウ、行カウ。」

　子ドモタチハ、「ワア、ワア。」イヒナガラ、行ッテシマヒマス。

ウラシマ　「カメサン、シッカリナサイ。」

　カメヲ　ダキ起シテ、セナカヲ　サスッテ　ヤリマス。カメハ、ナミダヲ　フキナガラ、テイネイニ　オジギヲシマス。

ウラシマ　「チャウド　ココヲ　通リカカッテ　ヨカッタ。早ク　ウチヘ　カヘリナサイ。」

　カメハ、オジギヲ　シナガラ、ドコカヘ　行キマス。

　　　　　二

　ウラシマガ　シリヲ　シテ　ヰマス。ソコヘ、カメガ　出テ來マス。

カメ　　　「ウラシマサン、ウラシマサン。」

ウラシマ　「オヤ、ダレカト　思ッタラ、コノ間ノ　カメサン　ダネ。」

カメ　　　「ハイ、コノ間ハ、オ助ケクダサイマシテ、ホンタウニ　アリガタウ　ゴザイマス。今日ハ、オ禮ニ　リュウグウヘ　オツレシヨウト　思ッテマヰリマシタ。」

ウラシマ　「リュウグウヘ。」

カメ 　　　「サヤウデ　ゴザイマス。ソレハ、ソレハ、キレイ
　　　　　　ナ、ヨイ　トコロデ　ゴザイマス。」

ウラシマ　「ソレハ　オモシロイ。行ッテ　ミマセウ。」

カメ 　　　「デハ、ゴアンナイ　イタシマス。」

　カメハ、ウラシマノ　手ヲ　取ッテ、ソコラヲ　グルグル　歩
キマス。

カメ 　　　「ゴランナサイ。向カフニ　光ッタ　ヤネガ　見エ
　　　　　　ル　デセウ。」

ウラシマ　「アア、見エル。赤ヤ、黄デ　ヌッタ　門ガ　見エ
　　　　　　ルネ。」

カメ 　　　「アレガ、リュウグウノ　ゴ門デ　ゴザイマス。モ
　　　　　　ウ　ヂキデ　ゴザイマス。」

　　　　　　　　　三

　カメガ、ウラシマヲ　アンナイシナガラ、出テ　來マス。

カメ 　　　「ココガ　リュウグウデ　ゴザイマス。ドウゾ、ソ
　　　　　　コヘ　オカケクダサイ。」

　ウラシマハ、アマリノ　美シサニ　オドロキナガラ、リッパ
ナ　イスニ　コシヲ　カケマス。イロイロナ　魚ガ　出テ　來マ
ス。ソノ　後カラ、オトヒメサマガ　アラハレマス。

カメ 　　　「コノオカタガ、ウラシマサンデ　ゴザイマス。」

オヒトメ　「アナタガ、ウラシマサンデ　イラッシャイマス

　　　　　　カ。私ハ、オヒトメデ　ゴザイマス。コノ間ハ、

　　　　　　カメヲ　オ助ケクダサイマシテ　アリガタウ　ゴ

　　　　　　ザイマス。ドウゾ、ユックリ　遊ンデ　イッテク

　　　　　　ダサイマセ。」

　魚タチハ、ゴチソウヲ　ハコンデ　來マス。

オヒトメ　「サア、ゴヱンリョナク　メシアガッテ　クダサイ。」

ウラシマ　「ドウモ　ゴチソウサマデ　ゴザイマス。」

オヒトメ　「デハ、ミンナニ　オモシロイ　ヲドリヲ　ヲドッ

　　　　　　テ　モラヒマセウ。」

　魚タチハ、ソロッテ　ヲドリマス。

ウラシマ　「オモシロイ、オモシロイ。」

　　　　　　　　四

　カウシテ　三年　タチマシタ。アル日、ウラシマハ、父ヤ　母

ノ　コトヲ　思ヒ出シテ、急ニ　家ヘ　カヘリタク　ナリマシ

タ。

タヒ　　　「コレハ、マダ　サシアゲタ　コトノ　ナイ、オイ

　　　　　　シイ　ゴチソウデ　ゴザイマス。」

ウラシマ　「イヤ、モウ　十分　イタダキマシタ。」

エビ　　　「デハ、ニギヤカナ　ヲドリヲ　シテ、ゴランニ

　　　　　　イレマセウ。」

ウラシマ　「ヲドリモ　タクサン　デス。」

オヒトメ　「ソレデハ、**何カ**　カハッタ　コトヲ　シテ、オナ
　　　　　　グサメ　イタシマセウ。」

ウラシマ　「イヤ、オトヒメサマ、**何モカモ**、モウ　**十分**デ
　　　　　　ゴザイマス。**長イ**　**間**、ホンタウニ　オセワニ
　　　　　　ナリマシタ。」

オヒトメ　「ドウカ　ナサイマシタカ。」

ウラシマ　「アマリ　**長ク**　ナリマスノデ、モウ　オイトマ
　　　　　　イタシマス。」

オヒトメ　「マア、ヨロシイデハ　ゴザイマセンカ。」

ウラシマ　「デモ、ウチノ　コトモ　**氣二**　カカリマスカラ、
　　　　　　カヘラシテ　イタダキマス。」

オヒトメ　「サヤウデ　ゴザイマスカ。ナンノ　オカマヒモ
　　　　　　デキマセン　デシタ。デハ、オミヤゲニ　**玉手**
　　　　　　箱ヲ　サシアゲマセウ。」

　　カメガ、**玉手箱**ヲ　持ッテ　來マス。

ウラシマ　「オミヤゲマデ　イタダキマシテ、アリガタウ
　　　　　　ゴザイマス。」

オヒトメ　「コノ　**玉手箱**ハ、ドンナ　コトガ　アッテモ、オ
　　　　　　ケニ　ナッテハ　ナリマセン。イツマデモ、ソ
　　　　　　ノママニ　シテ　オイテ　イタダキタウ　ゴザイ
　　　　　　マス。」

ウラシマ　「ヨク　ワカリマシタ。デハ、オイトマ　イタシマ
　　　　　　ス。サヤウナラ。」

ミンナ　　「サヤウナラ。」

カメ　　　「私ガ、マタ　オトモヲ　イタシマセウ。」

オトヒメ　「ゴキゲンヨウ、サヤウナラ。」

ウラシマ　「サヤウナラ。」

　　カメガ、ウラシマノ　手ヲ　取ッテ　出テ　行キマス。

五

生マレタ　村ニ　カヘッタラ、

ダレモ　知ラナイ　人バカリ、

トハウニ　クレテ　ウラシマハ、

アケテ　見マシタ、玉手箱。

白イ　ケムリガ　立チノボリ、

ゲンキデ　若イ　ウラシマハ、

ミルミル　シラガノ　オヂイサン、

昔　ムカシノ　話デス。

鳥 野 美 茶 原 向 力 開 落 同 重 何
玉 南 北 國 引 昔 神 廣 地 動 橋 明
白 女 並 歌 鯉 矢 尾 待 用 千 百 取
切 右 左 流 葉 作 岸 止 近 蛙 遊 聞
答 吸 軍 雄 知 城 砲 形 魚 旗 痛 苦
洗 使 每 夜 忘 若 首 逃 家 遠 谷 根
寸 都 針 鼻 高 強 梅 實 黄 色 田 苗
夏 金 買 兩 涼 浮 沈 星 祭 町 歩 賣
宮 拜 足 進 枚 表 心 虫 分 帆 船 沖
波 布 砂 貝 深 淺 顏 耳 紙 助 自 後
破 乘 道 寺 曜 起 戰 枯 箱 喜 文 禮
父 母

昭和十七年八月二十五日翻刻印刷
昭和十七年八月三十一日翻刻發行

ヨミカタ 一年教材

定價金六十一錢

著作權所有

著作發行者　朝鮮總督府

翻刻發行兼印刷者　京城府大島町三十八番地　朝鮮書籍印刷株式會社　代表者　野世溪閑了

發行所　京城府大島町三十八番地　朝鮮書籍印刷株式會社

朝鮮總督府 編纂

『よみかた』

二ねん

下

第2學年 2學期

たがみよ

んねニ

下

ふくとうそんせうて

『よみかた』二ねん 下
もくろく

[一] ことり

赤い　とり　ことり、

なぜ　なぜ　赤い。

赤い　み　を　たべた。

白い　とり　ことり、

なぜ　なぜ　白い。

白い　み　を　たべた。

青い　とり　ことり、

なぜ　なぜ　青い。

青い　み　を　たべた。

[二] こほろぎ

ころ　ころ　こほろぎ
ないて　ゐる。
ころ　ころ　ころ　ころ
どこ　だらう。

ころ　ころ　こほろぎ
ないて　ゐる。
ころ　ころ　ころ　ころ
まどの　した。

ころ　ころ　こほろぎ
ないて　ゐる。
ころ　ころ　ころ　ころ
よ　が　ふける

[三] こすもす

庭の　こすもす
さきました。
風に　ゆらゆら
さきました。

庭の　こすもす
赤や　白、
かきねの　上で
ゆれてます。

庭の　こすもす
花ざかり。
よい　お天氣が
つづきます。

[四] 早鳥

　昔、あるところに、一本の　くすの木が　生えました。たいへんな　勢で、晝も　夜も、ぐんぐんと　のびて　いきました。

　何年か　たつ　うちに、この　くすの木は、今まで　見た　ことも　聞いた　ことも　ないほど、大きな　木に　なりました。

　とうとう　その　てっぺんは、空の　雲に　とどくやうに　なりました。大きな　枝は　四方に　ひろがって、どこから　どこまで　つづいて　ゐるのか、わからないほどに　なりました。

　毎朝　日が　出ると、この　木の　西がは　は、何十と　いふ　村々が、日かげに　なります。午後に　なると、東がはの　何十と　いふ　村々が、日かげに　なります。

　「どうも　困った　もの　だ。」

　「お米が　半分も　できない。」

　「なんとか　ならない　ものかなあ。」

あちらの　村でも　こちらの　村でも、かう　いって、この　大木を　見あげました。

ある　ちゑの　ある　おぢいさんが、いひました。

　「しかたが　ない。この　木を　切る　ことに　しよう。」

みんなは　びっくりして、

　「こんな　大きな　木を、切って　いい　もの　でせうか。」

と　いひますと、おぢいさんは、

　「でも、この　木は、切るより　ほかに　みちが　ある

　まい。」

と　いひました。

　そこで　切る　ことに　なりました。

　こんな　大きな　木の　こと　ですから、それは　それは、大

さわぎ　でした。何十人、何百人と　いふ　木こりが、長い

間　かかって、やっと　切りたふす　ことが　できました。

　こんどは、切りたふした　木を、どうするかと　いふことに

なりました。すると、あの　ちゑの　ある　おぢいさんが、

　「くりぬいて、舟を　作るが　よい。」

と　いひました。

　そこで、大勢の　大工を　集めて、舟を　作る　ことに　なり

ました。何年か　たって、とうとう　一さうの　舟が　できあ

がりました。海に　浮かべて　みると、今まで　見た　ことも

聞いた　ことも　ない、大きな　舟でした。

　大勢の　せんどうが　乗りこんで、「えいや、えいや。」　と

こぎました。おどろいたのは、その　舟の　早い　こと　です。

かいを そろへて 一かき 水を かくと、舟は 七つの 大波
を 乗りきって、鳥の とぶやうに 走ります。
　「なんと いふ 早い 舟 だらう。」

　「ふしぎ だ、ふしぎ だ。」
と、せんどうたちも、見て ゐる 人々も いひました。する
と、あの ちゑの ある おぢいさんが、
　「いや、ふしぎでも 何でも ない。あの 勢の よい
　くすの木で、作った 舟 だ、勢の よいのが あた
　りまへさ。考へて みれば、この すばらしい 舟に な
　る ために、あの 木は、ぐんぐん のびたのかも しれ
　ない。鳥のやうに 早い 舟 だから、早鳥と いふ 名を
　つけよう。」

と　いひました。

　そののち、早鳥は、たくさんの　米や、麥や、豆を　つんで、都の　方へ　たびたび　通ひました。その　おかげで、日かげに　なって　困って　ゐた　村々は、だんだん　ゆたかに　なって　いったと　いふこと　です。

【五】でんわ

「もしもし、私は 本田 ですが、竹村さんの おたくで ございますか。」

「はい、さうで ございます。」

「勇さんは いらっしゃいますか。」

「はい、をります。」

「ちょっと お呼びくださいませんか。」

「お待ちください。すぐ 呼んで まゐりますから。」

「もしもし。」

「あ、勇さん。私は、弘 ですが、あす 式が すんでから、どこかへ 行きますか。」

「いいえ。」

「それでは、いっしょに 朝鮮神宮に おまゐりして、かへりに 科學館へ 行きませんか。」

「ちょっと 待って ください。おかあさんに たづねて きますから。」

「お待たせしました。行って
　も　いいさうです。」
「では、いっしょに　行きま
　せう。一時に、私が　さそ
　ひに　行きますから。」
「ありがたう。では、うちで
　待って　ゐます。」

「さやうなら。」
「さやうなら。」

【六】 おまゐり

　昨日は　明治節　でしだ、式が　すんでから、勇さんと、朝鮮神宮へ　おまゐりに　行きました。
高い　石だんは、のぼる　人、おりる　人で　いっぱい　です。私たちも、つづいて　のぼりました。

　石だんを　のぼりきると　廣い　お庭で、急に　ながめが　ひらけます。まづ、正面の　大きな　石の　鳥居が　目に　つきます。その　おくの　松の　みどり

の　中に、神宮の　おやねが、かうがうしく　拜されます。鳥居を　くぐると、いよいよ　おまゐりの　人で　いっぱいです。みんな　しづかに　歩いて　ゐます。いつのまにか、大勢の　足が　そろって、ざっくざっくと、玉砂利を　ふむ　音が　氣持よく　ひびきます。

　石だたみの　みちを　しばらく　行くと、二の鳥居です。まぢかに、おやねの　千木が　拜されて、しぜんと　頭が　さがります。

　水屋で、手を　きよめ　口を　すすいで、石だんを　のぼり
ました。いよいよ　御神前　です。私たちは、かしは手を　うっ
て、ていねいに　拝みました。

　社務所の　向かひで、きくを　見ました。白い　花や　きい
ろい　花が、たくさん　ならべて　あって、たいそう　みごと
でした。

　菊を　見てから、科學館へ　向かひました。空は　高く　は
れて、あちらにも　こちらにも、日の丸の　旗が、ひらひらと
なびいて　ゐました。

【七】富士山

どこから　見ても、　いつ　見ても、
富士の　お山は　美しい。

白い　あふぎを　さかさまに、
かけた　下から　雲が　わき、

すそ　引く　はての　松原に、
太平洋の　波が　立つ。

やさしいやうで　ををしくて、
たふとい　お山、神の　山。

日本一の　この　山を、
世界の　人が　あふぎ見る。

[八] をばさんの　うち

　　昨日　弟と　いっしょに、をばさんの　うちへあそびに　行きました。

　　川向かふの　山を　こえると、をばさんの　うちの、大きな　けやきの木が　見えました。

　をばさんの　うちでは、庭　一面に、もみが　ほして　ありました。きびや　たうがらしも　ほして　ありました。

　　　　　　　　　　　をばさんが　ゐどばたで、つけ物の　かめを洗って　いらっしゃいます。そばに、白菜が山のやうに　つんで　あります。

　弟が、

「をばさん、今日は。」

と 聲を かけると、

「おお、正ちゃん、來たね。」

と、にこにこしながら おっしゃいました。

　えんがはで、くりを いただいて ゐると、三郎さんと 妹
の としこさんが かへって 來ました。をばさんが、

「三郎さん、みんなで 栗を 取りに 行って おいで。」

と おっしゃいました。

　みんな いっしょに、うらの 栗林へ 行きました。高い
枝の 上に、栗が たくさん なって ゐます。さをで たたく
と ぱらぱらと おちて 來ます。みんな「きゃっ、きゃっ。」
と、聲を たてながら ひろひました。

　間もなく、かご いっぱいに なりました。

　林を 出ると、向かふの 山の もみぢが、目も さめるや
う です。空は 高く はれて、ところどころに、白い 雲が
浮かんで ゐます。私たちは、軍歌を 歌ひながら かへりま
した。

　ごとごと と 音が して、をぢさんと 一郎さんが、牛車
に、稲を いっぱい つんで かへって 來ました。

　やがて 稲を おろしはじめました。おろした 稲を、私と

三郎さんが はこびました。弟が 何か おひかけながら、「こ
ら 待て、こら 待て。」と いって ゐます。見ると、いなご
です。としこさんも、いっしょに なって おひかけました。
　「ぼん、ぼん、ぼん、ぼん。」
時計が 四時を うちました。弟が、
　「もう、かへらう。」
と いったので、いただいた 栗を 持って かへりました。

【九】栗の　きゃうだい

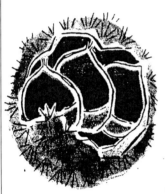

　　　　高い　枝の　上の　栗が、ちゃ色
に　うれて、いまにも　いがから　お
ちさう　です。
　「風が　吹いたら、とびおりるん
　　だよ。」
と、にいさん栗が　いひました。
　「どこに　おりるの。」
おとうと栗が、しんぱいさうに　たづねました。
　「どこに　おりるか　わかりません。でも　氣を　つけて、
　　あんまり　とばない　方が　いいよ。」
と、ねえさん栗が　いひました。
　三つの　栗は　きゃうだい　です。一つの　いがに、三つ　な
かよく　はいって　ゐたの　です。
　間もなく　風が　吹いて　來て、枝が　ざわざわ　ゆれまし
た。栗は　ぱらぱら　おちました。
　「にいさん、にいさん。」
　おとうと栗は、地面の　上に　ころがりながら　呼びまし
た。でも　へんじが　ありません。こんどは、

「ねえさん、ねえさん。」
と、大きい　聲で　呼びました。やっぱり　へんじが　ありません。

「ぼくだけかしら、おりたのは。」

おとうと栗は、栗の　木の　枝を　見上げました。いがの　中は　から　です。

「やっぱり、みんな　おりたん　だ。」

下から　見上げると、いがは　ずゐぶん　高く　見えます。「あんなに　高い　ところに、よくも　へいきで　くらして　來たな。」と　思ひました。

ふと、その　時、だれかが　近づいて　來ました。三郎さんです。

「やあ、みつけだぞ。」

三郎さんは、栗を　ひろって、てかごの　中に　入れました。

うすぐらい　かごの　中　です。けれども　すぐに、

「やあ、來た、弟が　來た。」

さう　いふ　元氣な　聲が　しました。にいさん栗の　聲　でした。

「まあ　よかった。みんな　また　いっしょに　なって。」

さう　いふ　やさしい　聲が　しました。ねえさん栗の　聲
でした。

おとうと栗は　ほっと　して、きょろきょろと　みまはしま
した。たくさんの　なかま　です。でも　この　中に、にいさ
んと　ねえさんとが　ゐるの　です。おとうと栗は、うれしく
なって　にっこりしました。

[十] かぐやひめ

　昔、竹取の　おきなと　いふ　おぢいさんが　ゐました。毎日　竹を　切って　來て、ざるや　かごを　作って　ゐました。

　ある日、根もとの　たいそう　光って　ゐる　竹を、一本　見つけました。その　竹を　切って、わって　見ますと、中に　小さな　女の　子が　ゐました。

　おぢいさんは　喜んで、その　子を　手のひらに　のせて、うちへ　かへりました。小さいので、かごの　中へ　入れて、おばあさんと　二人で　育てました。

　この子を　見つけてから、おぢいさんの　切る　竹には、たびたび　金が　はいって　ゐました。おぢいさんは、だんだん　お金持に　なって　いきました。

　この　子は、ずんずん　大きく　なりました。三月ほど　たつと、もう　十七八ぐらゐの　娘に　見えました。光るやうに

美しいので、家の　中も　明かるいほど　でした。おぢいさん
は、この　子に　かぐやひめと　いふ　名を　つけました。
　世間では、光るやうに　美しい　かぐやひめの　ことを　聞
いて、
　「むすこの　嫁に　したい。」
　「いや、うちへ　もらひたい。」
などと　いふ　人が、たくさん　ありました。何ごとにも　すな
ほな　かぐやひめでしたが、いつも　おぢいさんに、
　「私は、どこへも　まゐりたう　ございません。」
と　いって、ことわって　もらひました。
　かうして　ゐる　間に、何年か　たちました。ある年の　春
の　ころから、月の　出る　晩に　なると、かぐやひめは　月
を　眺めて、じっと　考へこむやうに　なりました。
　秋に　なって、月が　だんだん　美しく　なりました。八月
の　十五夜も　近く　なった　ある夜、かぐやひめは　聲を　た
てて　泣きました。
　おぢいさんや　おばあさんは、大さわぎ　です。かぐやひめ
は、「なぜ　泣くのか。」と　聞かれて、はじめは　だまって
ゐましたが、しまひに　悲しさうに　答へました。

「私は、もと、月の 世界の もので ございます。長い 間
おせわに なりましたが、この 十五夜には、月の 世界か
ら 迎へに まゐりますので、かへらなければ なりませ
ん。私は、お二人に お別れするのが、何よりも 悲しう
ございます。」

この ことばを 聞いて、おぢいさんも おばあさんも びっ
くりしました。

「それは たいへんな こと だ。だが、迎へに 来ても
けっして わたさないから、安心して、泣く ことは お
やめ。」

と、おぢいさんが いひました。

　おぢいさんは、なんとかして かぐやひめを 引止めたいと
思ひました。

　おぢいさんは 考へに 考へた すゑ、この ことを とのさ
まに 申しました。すると とのさまは、

「それは ざんねんで あらう。よし、その 晩 けらいたち
を たくさん やって、おまへの うちを 守らせる こと
に しよう。」

と おっしゃいました。

　いよいよ　十五夜に　なりました。おぢいさんの　家の　まはりを、弓矢を　持った　とのさまの　けらいたちが、いくへにも　とりかこみました。

　おばあさんは、しめきった　一間の　中で、しっかりと　かぐやひめを　だいて　をります。おぢいさんは、その　入口に立って　番を　して　をります。

　夜中ごろに　なると、急に　お月さまが　十も　出たかと　思ふほど、あたりが　明かるく　なりました。

「さあ、來たぞ。」

と、とのさまの　けらいたちは、弓に　矢を　つがへましたが、ふしぎに　手足の　力が　なくなって、どうする　こともできません　でした。

　その時、大勢の　天人が、雲に　乗って　おりて　來ました。すると、しめきった　一間の　戸が、ひとりでに　あきました。おばあさんの　手に、しっかりと　すがりついて　ゐたかぐやひめの　からだは、ひとりでに　外へ　出て　行きました。もう、だれの　力でも、なんとも　することが　できません　でした。かぐやひめは、おぢいさんと　おばあさんに、

「とうとう　お別れしなければ　ならない　時が　まゐりまし

た。お二人の　ご恩は　けっして　忘れません。どうぞ、月の　夜には、私の　ことを　思ひ出して　ください。私も、あの　月の　世界から、お二人を　拝んで　をりませう。」
と　いって、天人の　用意して　來た　車に　乗りました。
　かぐやひめを　乗せた　車は、大勢の　天人に　かこまれながら、しづかに　天へ　のぼって　行きました。

[十一] をばさんの　勉強

　　學校から　かへると、をばさんが、大きい　聲で、本を　よ
んで　いらっしゃいます。

　「をばさん、ただ今。」

と　いふと、

　「おかへりなさい。今日は　早かった　ね。」

と　おっしゃいました。

　をばさんが　うちへ　おいでに　なったのは、夏休の　はじ
め　でした。國語が　少しも　わからないので、「こまる、こま
る。」と、口ぐせのやうに　おっしゃって　ゐました。

　九月の　はじめ　でした。おかあさんたちが、學校で　國語
の　勉強を　なさる　ことに　なりました。おかあさんに　すす
められて、をばさんも　いっしょに、夜學へ　通ふ　ことに
なりました。

　それから　をばさんは、ねっしんに　通って　いらっしゃい
ます。まだ　ひとばんも　休みません。このごろは　だいぶ
じゃうずに　なって、たいていの　ことは、國語で　お話なさ
います。

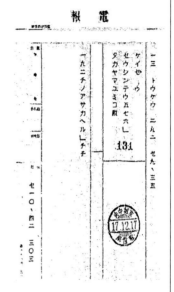

ゆうべ、おとうさんから、でんぱうが 來ました。おとうさんは 御用で、東京へ 行って いらっしゃるの です。でんぱうには、「一九ニチノアサカヘルチチ」 とありました。

　をばさんが ごらんになって、

　「ゆみ子さん、おとうさんは、

　　十九日の 朝 おかへりに

　　なりますね。」

と おっしゃいました。

　「でんぱうが わかるやうに なりましたか。早い もの で

　すね。」

と おかあさんが おっしゃると、をばさんは、

　「いいえ、まだ だめ です。」

と、じゃうずな 國語で おっしゃいました。

【十二】ゐもんぶくろ

　　今日は　大詔奉戴日　です。校長先生が、戰地に　いらっ
しゃる、兵たいさんの　お話を　して　くださいました。
　　讀み方の　後で、弘さんが、
　「兵たいさんに　ゐもんぶくろを　おくらう。」
と　いひだしました。
　　みんなが　すぐ　さんせいしました。先生に　お話すると、
　「おうちに　ある　もので、兵たいさんが、よろこばれる　も
　　のを　考へて　いらっしゃい。」
と　おっしゃいました。
　　太郎さんは、「ぼくは　栗に　しよう。」　と　いひました。
正男さんは、「兵たいさんは、新聞が　大すき　ださう　だ。」
と　いひました。私は、何に　しようかと、いろいろ　考へま
した。
　　うちに　かへって　お話すると、おかあさんが、
　「なんでも、心の　こもった　ものを　おあげなさい。」
と　おっしゃいました。
　「ゑはがきは　どう　でせう。」

「ゑはがきも よろしいが、
勇ちゃんの かいた 繪
の 方か、もっと いい
でせう。」

私は、この間の がくげい
くゎいで、お話を して ゐ
る 繪を かきました。あい
て ゐる 所に、

へいたいさん、さむい でせうね。げんきで はたらいて く
ださい。竹村 勇

と 書きました。

おとうさんに お目に かけると、

「なかなか おもしろい。きっと 兵たいさんが 喜ばれる
よ。それから、ほし柿が あったね。あれも あげるが
いい。」

と おっしゃいました。

私は、おかあさんから ほし柿を いただいて、いっしょに
持って 行く ことに しました。

【十三】石炭

　すとーぶが　きもちよく　もえて　ゐます。

　「石炭は　石　だらうか。」

と、勇さんが　いひました。

　となりに　すわって　ゐた　正男さんが、

　「昔の　人が、石炭を　もえる　石　だと　いったさう　だ。

　　だから、石炭は　きっと　石　だよ。」

と　いひました。

そばで　聞いて　ゐた　弘さんが、

　「先生、石炭は　どうして　できたの　ですか。」

と　たづねました。先生は、

　「さあ。だれか　知って　ゐるかね。」

と　おっしゃって、みんなの　顔を　見ました。

　誰も　答へません。先生は　しばらくしてから、

　「では　お話しようかね。」

と　いって、次のやうに　話して　くださいました。

　「今から、千年も　萬年も　前の　こと　です。そのころは、

　　まだ　人間は　すんで　ゐません　でした。牛や　馬のやう

　　な　けものも　ゐないで、三十めーとるも　四十めーと

るも　ある　大きな　木が、一面に　しげって　ゐるばかり
でした。

　ところが、をりをり　強
い　風が　吹いて、大きな
木が、どんどん　たふれま
した。そこへ、大雨で
流された　土や　砂が、つ
ぎつぎに　つもりました。

　やがて　その　上に、草

や　木が　生えて、ずんずん　大きく　なりました。ところ
が、また　大風が　吹いて、　地の　上に　たふれて、その
上に、土や　砂が　つもりました。

　このやうに、一面に　しげって　ゐた　木や　草が、じゆ
んじゆんに　地の　中に　うづまりました。さうして、土
や　砂に　おしつけられて、だんだん　黒い　かたまりに
なり、とうとう　石炭に　なったの　です。」
みんな　ねっしんに　聞いて　ゐます。
「おや、すとーぶが　もえなく　なった。」
かう　おっしゃって、先生は　石炭を　おくべに　なりました。

その時　弘さんが、

「先生、おとなりで　使

って　ゐるのは、つや

が　あって、きらきら

光って　ゐますが、石

炭には　いろいろ　あ

るの　ですか。」

「よく　氣が　ついたね

ながく　土の　中に　うづまって　ゐれば　ゐるほど、かた

く　なって、つやが　出るの　です。おとなりで　使って　ゐ

るのは、きっと　無煙炭で、支那から　來たの　でせう。」

　支那と　聞いて、兵たいさんの　ことでも　思ったのか、み

んなは、顔を　見合はせて　にっこりしました。

[十四] 神だな

もう　すぐ　お正月なので、おぢいさんは、神だなを　おかざりに　なりました。

新しい　しめなはを　はったり、さかきを　あげたり　なさいました。

小さい　三方に、白い紙と　うら白を　しいて、鏡餅を　のせて　お供へに　なりました。おみきも　お供へに　なりました。

それから、おざしきの　床の間にも、鏡餅を　おかざりに　なりました。

おぢいさんは、

「さあ、これで　いつ　お正月が　來ても　いいぞ。」

と　おっしゃいました。

夕方、神だなに　あかりを　あげて、みんなで　拝みました。

小さい　弟が、

「神さま、お喜びね。」
と　いひました。
　新しい　しめなは、白い　紙、うら白の　葉、何もかも　さっ
ぱりと　きれいに　見えて、もう　お正月に　なったやうな　氣
が　しました。

【十五】新年

門松　立てて、しめかざりして、
うち中　そろって、
　　新年　おめでたう　ございます。

お宮へ　まゐって、學校へ　行って、
「君が代」　歌って、
　　新年　おめでたう　ございます。

たこあげしたり、羽つきしたり、
みんな　にこにこ、
　　新年　おめでたう　ございます。

書きぞめの　字は　「昭和の　光」、
上手に　できて、
　　新年　おめでたう　ございます。

【十六】にいさんの 入營

　青年學校の 服を 着て、赤い たすきを かけた にいさん は、しんるゐの 人たちに 送られて、兵營の 門まで 來ま した。

　にいさんは、ここで みんな に あいさつを して、門の 中 へ はいりました。おとうさん と 私も はいりました。

　門を はいると、ゑい兵所 に、兵たいさんが 七八人 腰を かけて ゐました。

　廣い 庭の 中ほどには、何本も 立札が 立てて ありまし た。

　にいさんは、兵たいさんに あんないされて、そちらへ 行 きました。にいさんと 同じやうな 人が、たくさん ゐまし た。

　金すぢの えりしゃうを つけた 兵たいさんが 來て、名 を 呼始めました。だんだん 呼んで いって、

　「山田 武。」

と、にいさんの　名を　呼びました。にいさんは　大きな　聲
で、

　「はい。」

と　答へました。私は、なんだか、自分が　呼ばれたやうに
思ひました。

　廣い　庭の　向かふに　兵舍が　立って　ゐます。そこへ　に
いさんたちは　行きました。

　おとうさんと　私は、つきそひの　人たちの　休む　ところ
で　待って　ゐました。馬に　乘った　軍人さんが、門を　は
いって　來ると、ゑい兵所に　ゐる　兵たいさんが、

　「けい禮。」

と　元氣な　聲で　いって、立ちあがって
けい禮を　しました。

　間もなく、新しい　軍服を　着た　一人
の　兵たいさんが、私たちの　ところへ
來ました。見ると、それが　にいさん　で
した。見ちがへるほど　りっぱな　兵たい
さんに　なって　ゐたので、私は　びっく
りしました。にいさんは、

「おとうさん、お待たせしました。國男、これは　にいさ
　んが　着て　ゐた　服 だ。おまへ　持って　かへって　お
　くれ。」
と　いって、ふろしき包を　わたしました。
　にいさんの　赤い　えりしゃうには、星が　一つ　ついて　ゐ
ました。おとうさんは　にこにこして、
「りっぱな　兵たいさん　だな。これなら、ごほうこうも
　できよう。しっかり　たのむよ。」
と　おっしゃいました。

[十七] 支那の 子ども

　ここは、支那の ある 町 です。

　せまい通には、赤い らふそくや、にはとりの 卵や、あひるの 卵や、にんにくや、はすの 實などを、戸口に 並べてゐる 店が あります。のき先に、大きな ぶたの 肉を ぶらさげ、大きな はうちゃうで、一きれ 一きれ 切取って、賣って ゐる 店も あります。

　今、日本の 兵たいさんが、車に いっぱい 荷物を つんで、この 通に さしかかりました。町の 男や 女たちが、この 兵たいさんに、ていねいに あいさつします。何か わからぬ ことを、がやがや 話したり、にこにこ 笑ったりしながら、立止って、兵たいさんを 見て ゐる ものも あります。

　この　せまい　通には、買物を　する　人たちが　たくさん
ゐるので、兵たいさんは、車を　引きながら、ときどき、
　「ちょっと　ごめんよ。」
と　いひます。すると、みんなは、すぐ　よけて　兵たいさん
を　通らせます。
　通を　ぬけて、町の　入口の　門の　ところまで　來ますと、
そこには、日本の　兵たいさんが、銃を　持って　番を　して
ゐます。車を　引いて　ゐる　兵たいさんが、けい禮を　しま
す。番を　して　ゐる　兵たいさんも、けい禮を　します。口
には　いひませんが、おたがひに、
　「ごくらうさま。」
　「ごくらうさま。」
と、心の　中で　いって　ゐるに　ちがひありません。
　門を　過ぎると、廣場が　あります。そこで　遊んで　ゐる
支那の　子どもたちが、車を　引いて　ゐる　兵たいさんを　見
ると、
　「兵たいさん。」
　「兵たいさん。」
と　いって、やって　來ました。

　子どもたちは、ちゃんと、「兵たいさん」と　いふ　日本語を、おぼえて　ゐるの　です。でも、その　後は、がやがや何か　わからぬ　ことを　いひながら、三四人は、車の　かぢ棒に　とりつきます。おくれて　來た　二三人は、車の　後押しを　します。みんな　一生けんめい　です。

　かうして、たくさんの　支那の　子どもたちに　手つだはれながら、日本の　兵たいさんは、にこにこして　車を　引いて行きます。

　すると、とつぜん　一人の　子どもが、大きな　聲で、

　　青空　高く

　　日の丸　あげて、

と　歌ひだしました。それに　ついて、子どもたちは　聲を　そろへて　歌ひました。

青空　高く
日の丸　あげて、
ああ、美しい、
日本の　旗は。

【十八】金しくんしゃう

軍人さんの　胸は、

くんしゃうで　いっぱい　です。

花のやうな　くんしゃう、

日の丸のやうな　くんしゃう、

金の　とびの　金しくんしゃう。

昔、神武天皇の　お弓に　止った

あの　金の　とびが、

今、軍人さんの　胸に　かがやいて、

りっぱな　てがらを

あらはして　ゐるのです。

【十九】まどの　こほり

けさは　なかなか　寒い。おきて　みると、窓の　がらすか、すっかり　こほって、少しも　外が　見えません。

よく　見ると、こほりは　いろいろな　もやうに　なって　ゐます。同じものは　一つも　ありません。

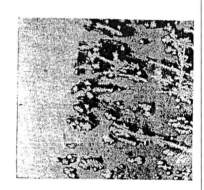

兵隊さんの　むねに　かがやく、くんしゃうのやうなのも　あります。飛行機が、いりみだれて、空中戰を　して　ゐるやうなのも　あります。それから、何千、何萬と　いふ　たくさんの　つるが、空　一面に、飛んでゐるやうなのも　あります。どんな　繪の　上手な　人でも、こんなに　うまくは　かけないでせう。

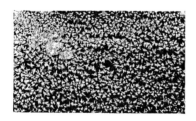

窓の　がらすが　こほると、どうして　こんな　きれいな　もやうが　できるの　でせう。

【二十】白兎

　白兎が、島から　向かふの　陸へ　行って　みたいと　思ひました。

　ある日、はまべへ　出て　見ると、わにざめが　ゐましたので、これは　よいと　思って、

　「君の　仲間と　ぼくの　仲間と、どっちが　多いか、く
　　らべて　みようでは　ないか。」

と　いひました。わにざめは、

　「それは　おもしろからう。」

と　いって、すぐに　仲間を　大勢　つれて　來ました。白兎は
それを　見て、

　「君の　仲間は　ずゐぶん　多いな。ぼくらの　方が　負
　　けるかも　しれない。ぼくが、君らの　せなかの　上を、
　　かぞへながら　とんで　行くから、向かふの　陸まで　並
　　んで　みたまへ。」

と　いひました。

　わにざめは、白兎の　いふ　とほりに　並びました。白兎は
「一つ、二つ、三つ、四つ。」と　かぞへながら、渡って　行き
ました。もう　一足で　陸へ　あがらうと　いふ　時、

白兎は、

「君らは　うまく　だまされたな。ぼくは　ここへ　渡って
來たかったの　だ。あはばは。」

と　いって、笑ひました。

わにざめは　それを　聞くと、たいそう　おこりました。一
番　しまひに　ゐた　わにざめが、白兎を　つかまへて、から
だの　毛を　みんな　むしり取って　しまひました。

白兎は　痛くて　たまりません、はまべで　しくしく　泣い
て　ゐました。その時、大勢の　神様が　お通りに　なって、

「おまへ、なぜ　泣いて　ゐるのか。」

と　おたづねに　なりました。白兎が　今までの　ことを　申し
ますと、神様は、

「それなら、海の　水を　あびて、ねて　ゐるが　よい。」

と おっしゃいました。

　白兎は　すぐ　海の　水を　あびました。すると、痛みが
いっそう　ひどく　なって、どうにも　たまらなく　なりまし
た。

　そこへ、大國主のみこと　と　いふ　神様が　おいでに　なり
ました。この　かたは、さきほど　お通りに　なった　神様が
たの　弟さん　です。兄様がたの　重い　ふくろを　せおって
いらっしゃったので、おそく　おなりに　なったの　です。

　この　大國主のみことも、

「おまへ、なぜ　泣いて　ゐるのか。」

と　おたづねに　なりました。白兎は　泣きながら、また　今
までの　ことを　申しました。大國主のみことは、

「かはいさうに。早く　川の　水で　からだを　洗って、
　がまの　ほ　を　しいて、その　上に　ころがるが　よい。」
と　おっしゃいました。

　白兎が　その　とほりに　しますと、からだは、すぐ　もと
のやうに　なりました。喜んで　大國主のみことに、

「おかげで　すっかり　なほりました。あなたは、おなさけ
　深い　おかた　ですから、今は　重い　ふくろを　せおって
　いらっしゃっても、のちには　きっと　おしあはせに　お
　なり　でせう。」
と　申しました。

【二十一】豆まき

今日は　節分で、豆まきの　日　です。

「太郎、今年から　おまへが　まくの　だ。」

と、おとうさんが　おっしゃいました。

　おかあさんは、豆を　たくさん　いって　ますに　入れ、神だなに　お供へに　なりました。ぼくは、早く　晩に　なればよいと　思ひました。

　だんだん　うすぐらく　なると、

あちらでも

こちらでも、

豆まきの　聲が　聞えます。おとうさんが、

「うちでも　そろそろ　始めるかね。」

と　おっしゃって、神だなから、ますを　おろして　くださいました。

　ぼくは、少し　きまりが　わるかったが、思ひきって、
「福は　内、鬼は　外。」
と　聲を　はりあげて、豆を　まきました。
　方々の　へやを　まいて　歩くと、妹や　弟が　後から　つい
て　來て、
「きゃっ、きゃっ。」
と　大さわぎを　して、豆を　拾ひました。
　ぼくも　おもしろく　なって、だんだん　大きな　聲を　出し
ながら、豆を　まきました。そのうちに　うっかりして、「鬼は
内、福は　外。」と　いったので、みんなが　笑ひました。
　しまひに　えんがはへ　出て、「鬼は　外、鬼は　外。」と　い
ひながら、豆を　庭へ　向かって　元氣よく　まきますと、お
かあさんが　雨戸を　ぴしゃりと　おしめになりました。
　それから、みんなで　豆を　年の　數だけ　たべました。

［二十二］お池の　ふな

　お池の　ふなが、春を　待って　ゐました。

　ある日、ふと　見ると、頭の　上が、ほうっと　あかるく　なって　ゐます。「おや。」と　思って、ふなは　明かるい　方へ　およいで　行きました。

　すると　どう　でせう、頭の　上の　氷が、赤い　色や　青い　色に　光って　ゐます。ふなは、びっくりして　呼びました。

　「鯉さん、鯉さん。」

　「ふな君、なん　だね。」

　「鯉さん、あれ　天井(てんじゃう)が——。」

　鯉は、しづかに　見上げました。なるほど、天井の　氷が、にじのやうに　光って　ゐます。

　「ふな君、あれはね、天井の　氷に　お日さまの　光が　あ
　　たって、光って　ゐるん　だよ。」

と　鯉が　いひました。

　お日さまの　光と　きいて、ふなは　急に　うれしくなりました。そして、尾や　ひれを　動かしながら、池の　中を　泳きまはりました。

　鯉は、ひとりごとのやうに　いひました。

「もっと　もっと、お日さまの　光が　さして　くれれば　いいな。さうすると、もっと、もっと、氷が　きれいに　見えるの　だが。」

　鯉が　思った　とほり　でした。お日さまは、ぐんぐん　光を　強くして、氷を　てらしました。氷は　いよいよ　きれいに　光って、にじよりも　みごとに　なりました。それと　いっしょに、あたりも　だんだん　あたたかく　なって、あちらこちらで、「みしっ、みしっ。」と、氷に　ひびが　いって　來ました。

　あたたかい　日が　つづきました。ある日の　ことです。頭の　上で、ばちゃんと　大きな　音が　しました。鯉も　ふなも　びっくりしました。しかし、よく　見ると、お日さまの　あたたかい　光で、氷の　天井が　とけて　落ちたの　でした。

　にじのやうな　光が　きえて、大きな　氷の　われめから、青い　空が　見えました。そして、お日さまの　にこにこした　まるい　顔が、水の　中を　のぞきました。

【二十三】おひな様

春が來ました、おひな様。
さあさ、かざってあげませう。

まあ、お久しい、だいり様。
あなたは一番上の段。

赤いはかまの官女さん、
三人並んで次の段。

笛やたいこでにぎやかな
五人ばやしは三の段。

かざればみんなにこにこと、
おうれしさうなおひな様。

あられ、ひし餅、桃の花、
なたねの花も供へませう。

【二十四】北風と　南風

　　北風と　南風は、たいそう　仲が
わるいやう　です。

　　冬の　間は、寒い　北風が、びゅう
びゅうと　吹きまはって、雪や　あら
れを　降らせたり、水を　こほらせた
りします。しかし、北風が　少し　ゆ
だんを　して　ゐると、暖い　南風が、そっと　やって　來ま
す。さうして、北風の　作った　雪の　山や、氷の　池を、少
しでも　とかさうと　します。すると、北風は、すぐ　南風を
追ひはらひます。

　　こんな　ことを、何べんも　くりかへして　ゐる　うちに、
冬が　終に　近づきます。今までは、うとうと　眠って、弱い
光を　出して　ゐた　お日様が、目を　さまして、暖い　光を
送るやうに　なります。

かう なって 來ると、南風は、もう 前のやうに 負けて ばかりは ゐません。

「北風、おまへは、もう 北の 國へ かへって しまへ。」

と、南風が いひます。すると、北風は、

「なあに、まだ おまへの 出 て 來る 時では ない。わ たしは、もう 一度 おまへを 追ひはらって、野や 山を まっ白に して やる。」

と 答へます。さうして、ありったけの 力を 出して、南風 を 追ひたてます。野や 山が、また、雪で まっ白に なり ます。

　しかし、南風は、すぐに　元氣を　とりかへします。南の
國から、大勢の　仲間を　つれて　來て、北風を　どしどしと
追ひまくります。雪でも　氷でも、かたはしから　とかして、
野や　山を　暖くします。暖い　雨を、何べんか　降らせま
す。すると、草や　木が、だんだんと　芽を　ふき、花の　つ
ぼみが　ふくらんで　來ます。

　南風は　いひます。

「北風が、雪や　氷で、野山を　まっ白に　した　代りに、
　わたしは、赤い　花や、みどりの　若草で、野山を　か
　ざって　見せよう。」

[二十五] 羽衣

白いはまべの

松原に、

波がよったり、

かへったり。

かもめすいすい

とんで行く、

空にかすんだ

富士の山。

　　　一人の　漁夫が、みほの松原へ　出て　來ます。

漁夫　「今日は、よい　お天氣　だ。なんと　まあ、よい　けし

　　きだらう。」

けしきに 見とれながら 歩いて ゐますと、どこからか、よい にほひが して 來ます。見ると、向かふの 松の枝に、きれいな 物が かかって ゐます。

漁夫 「あれは 何 だらう。」

　漁夫は、そばへ よって よく 見ます。

漁夫 「着物 だな。こんな きれいな 着物は、見た ことが ない。持って かへって、うちの たからに しよう。」

　漁夫は、その 着物を 取って、持って 行かうと します。
　　　松の木の 後から、一人の 女が 出て 來ます。

女 　「もし、それは 私の 着物で ございますが、どうなさるので ございますか。」

漁夫 「いや、これは 私が 拾ったの です。持って かへって、うちの たからに しようと 思ひます。」

女 　「それは、天人の 羽衣と 申しまして、あなたがた には ご用の ない 物で ございます。どうぞ、お返しくださいませ。」

漁夫 「天人の 羽衣なら、なほさら お返しは できません。この 國の たからに いたします。」

天人 「それが ないと、天へ かへる ことが できません。どうぞ、お返しくださいませ。」

漁夫　「いや、返されません。」

　　天人は、悲しさうな　顔を　して、じっと　空を　見あげます。天人の　しをれた　やうすを　見て、

漁夫　「おきのどく　ですから、羽衣を　お返し　いたしませう。」

天人　「それは、ありがたう　ございます。では、こちらへ　いただきませう。」

漁夫　「お待ちください。天人の　まひを、まって　見せて　いただけませんか。」

天人　「それでは、お禮に　まひませう。でも、その　羽衣が　ないと、まふ　ことが　できません。」

漁夫　「といって、羽衣を　お返ししたら、あなたは、まはずに　かへって　おしまひに　なる　でせう。」

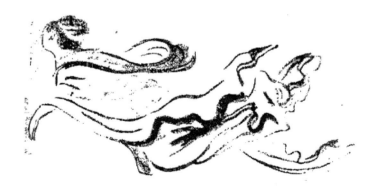

天人 「天人は、うそと　いふ　ものを　知りません。」

漁夫 「ああ、これは、はづかしい　ことを　申しました。」

　　漁夫は　羽衣を　返します。天人は、それを　着て、静かに　まひます。

天人 「月の都の天人たちは、
　　みんなそろってまひ上手。

　　黒い衣のそろひでまふと、
　　月はまっ黒やみの夜。

　　白い衣のそろひでまふと、
　　月は十五夜まんまるい。」

　　天人は、まひながら、だんだん　天へ　のぼって　行きます。

　　右に、左に
　　ひらひらと、
　　ゆれるたもとが
　　美しい。

白いはまべの
松原に、
波がよったり、
かへったり。

いつのまにやら
天人は、
春のかすみに
つつまれて、

かもめすいすい
とんで行く、
空にほんのり
富士の山。

鳥	式	菊	栗	心	新	合	札	物	多	尾	弱
(10)	(18)	(17)	(23)	(28)	(51)	(59)	(65)	(71)	(80)	(93)	(100)
勢	鮮	旗	林	中	繪	鏡	始	銃	負	泳	芽
(10)	(19)	(23)	(28)	(41)	(52)	(60)	(66)	(72)	(81)	(93)	(102)
畫	科	富	歌	番	書	餅	武	過	渡	久	衣
(10)	(19)	(21)	(20)	(43)	(53)	(61)	(66)	(73)	(82)	(97)	(102)
夜	館	士	育	恩	柿	床	舍	棒	痛	段	漁
(10)	(19)	(24)	(37)	(45)	(53)	(61)	(67)	(74)	(83)	(97)	(104)
午	節	平	娘	用	誰	字	包	押	主	官	夫
(11)	(16)	(25)	(38)	(45)	(55)	(64)	(69)	(74)	(85)	(97)	(104)
困	居	洋	嫁	意	萬	昭	星	胸	兄	桃	返
(11)	(21)	(25)	(38)	(45)	(55)	(64)	(69)	(76)	(85)	(98)	(106)
半	拜	世	晚	語	黑	和	卵	寒	福	冬	靜
(11)	(21)	(25)	(39)	(47)	(57)	(64)	(70)	(78)	(90)	(98)	(108)
切	利	界	眺	詔	使	營	實	窓	鬼	降	
(12)	(22)	(25)	(39)	(50)	(59)	(61)	(70)	(78)	(90)	(99)	
集	千	物	悲	奉	無	服	並	隊	内	暖	
(14)	(22)	(27)	(40)	(50)	(59)	(64)	(70)	(78)	(90)	(99)	

麥	屋	洗	迎	戴	煙	着	店	島	拾	追
(17)	(220)	(27)	(40)	(50)	(59)	(61)	(70)	(80)	(90)	(99)

豆	社	菜	別	戰	支	送	肉	陸	數	終
(17)	(23)	(27)	(40)	(50)	(59)	(64)	(70)	(80)	(91)	(100)

都	務	聲	安	讀	那	腰	荷	仲	氷	眠
(17)	(23)	(27)	(41)	(50)	(59)	(65)	(71)	(80)	(92)	(100)

昭和十七年九月十五日翻刻印刷

昭和十七年九月二十日翻刻發行

著作權所有

發行所

よみかた二年下 糸

定價金二十三錢

著作兼發行者

朝鮮總督府

京城府大島町三十八番地

翻刻發行兼印刷者

朝鮮書籍印刷株式會社

代表者 野世溪閑了

京城府大島町三十八番地

朝鮮書籍印刷株式會社

▶ 찾아보기

편자소개(원문서)

김순전 金順槇

소속 : 전남대 일문과 교수, 한일비교문학·일본근현대문학 전공

대표업적 : ①저서 : 『일본의 사회와 문화』, 제이앤씨, 2006년 9월

②저서 : 『조선인 일본어소설 연구』, 제이앤씨, 2010년 6월

③저서 : 『한일 근대문학의 선형적 비교연구』, 제이앤씨, 2014년 12월

사희영 史希英

소속 : 전남대 일문과 강사, 일본근현대문학 전공

대표업적 : ①논문 : 「일본문단에서 그려진 로컬칼라 조선」, 韓國日本文化學會, 「日本文
化學報』 제41집, 2009년 5월

②저서 : 『『國民文學』과 한일작가들』, 도서출판 문, 2011년 9월

③저서 : 『제국일본의 이동과 동아시아 식민지문학』 1, 도서출판 문, 2011년
11월

박경수 朴京洙

소속 : 전남대 일문과 강사, 일본근현대문학 전공

대표업적 : ①논문 : 「『普通學校國語讀本』의 神話에 應用된 <日鮮同祖論> 導入樣相」,
『일본어문학』 제42집, 일본어문학회, 2008년 8월

②논문 : 「임순득, '창씨개명'과 「名付親」−'이름짓기'에 의한 정체성 찾기」
『일본어문학』 제41집, 일어일문학회, 2009년 6월

③저서 : 『정인택, 그 생존의 방정식』, 제이앤씨, 2011년 6월

편자소개(원문서)

박제홍 朴濟洪

소속 : 전남대 일문과 강사, 일본근현대문학 전공

대표업적 : ①논문 : 「메이지천황과 學校儀式敎育-국정수신교과서를 중심으로」, 『일본어문학』 28집, 한국일본어문학회, 2006년 3월

②논문 : 「『보통학교수신서』에 나타난 忠의 변용」, 『일본문화학보』 34집, 한국일본문화학회, 2007년 8월

③저서 : 『제국의 식민지수신-조선총독부 편찬 <修身書>연구』, 제이앤씨, 2008년 3월

장미경 張味京

소속 : 전남대 일문과 강사, 일본근현대문학 전공

대표업적 : ①논문 : 「일제강점기 '일본어교과서' Ⅰ기·Ⅳ기에 나타난 동화의 변용」, 『日本語文学』 52집, 한국일본어문학회, 2012년 3월

②편서 : 學部編纂 『日語讀本』 上·下, 제이앤씨, 2010년 7월

③저서 : 『수신하는 제국』, 제이앤씨, 2004년 11월

朝鮮總督府 編纂 『初等國語』 原文 上

초판인쇄 2015년 7월 17일
초판발행 2015년 8월 1일

편　　자 김순전 사희영 박경수 박제홍 장미경 공편
발 행 인 윤석현
발 행 처 제이앤씨
등록번호 제7-220호
책임편집 김선은
마 케 팅 권석동

우편주소 서울시 도봉구 우이천로 353 성주빌딩 3F
대표전화 (02) 992-3253(대)
전　　송 (02) 991-1285
홈페이지 www.jncbms.co.kr
전자우편 jncbook@hanmail.net

ISBN 978-89-5668-185-6 94190　　　　**정가** 21,000원
　　　978-89-5668-183-2 (전3권)